N-E-T-W-O-R-K

网络依赖型企业风险
管理现状、问题与对策

王凡林 著

中国财富出版社有限公司

图书在版编目（CIP）数据

网络依赖型企业风险管理现状、问题与对策/王凡林著 . —北京：中国财富出版社有限公司，2023.12

ISBN 978-7-5047-7406-4

Ⅰ. ①网… Ⅱ. ①王… Ⅲ. ①企业管理—风险管理—研究 Ⅳ. ①F272.35

中国版本图书馆 CIP 数据核字（2021）第 063810 号

策划编辑	郑晓雯	**责任编辑**	张红燕 郑晓雯		**版权编辑**	李	洋
责任印制	尚立业	**责任校对**	卓闪闪		**责任发行**	董	倩

出版发行	中国财富出版社有限公司		
社　　址	北京市丰台区南四环西路 188 号 5 区 20 楼	**邮政编码**	100070
电　　话	010-52227588 转 2098（发行部）	010-52227588 转 321（总编室）	
	010-52227566（24 小时读者服务）	010-52227588 转 305（质检部）	
网　　址	http://www.cfpress.com.cn	**排　　版**	宝蕾元
经　　销	新华书店	**印　　刷**	宝蕾元仁浩（天津）印刷有限公司
书　　号	ISBN 978-7-5047-7406-4/F·3401		
开　　本	710mm×1000mm　1/16	**版　　次**	2024 年 1 月第 1 版
印　　张	14.75	**印　　次**	2024 年 1 月第 1 次印刷
字　　数	257 千字	**定　　价**	58.00 元

前　言

随着互联网的日益普及，在网络生态上干事业、谋发展的企业越来越多，以网络为生存环境的企业也愈加具有不确定性。如果网络系统拥堵或瘫痪，就可能影响其大部分收益，甚至使其出现生存危机。本书探讨了网络依赖型企业在过度依赖网络时，如何控制自身风险的蔓延，如何识别和防范外来输入性风险、内生性风险，将风险控制在可接受水平。

为了探讨网络依赖型企业风险蔓延的现状和表现、可能导致的后果，以及企业目前的治理模式是否发挥作用，笔者走访和调研了近 100 家此类企业，通过问卷形式进行了一手数据的收集。本书用了大量篇幅对网络依赖型企业的内控体系整体现状、内控体系要素的表现、风险治理体系的现状等进行了分析，形成了比较完整的风险状态画像。

本书前半部分为企业风险蔓延现状的分析，包括企业性质和经营情况、风险敞口和治理现状、网络依赖程度、公司治理和具体控制措施等。通过对问卷数据的详细分析，找出网络依赖型企业的风险程度、是否及时识别，以及治理效果等存在的问题，并结合 COSO（内部控制框架）模型和 COBIT（信息及相关技术控制目标）模型，以案例企业为切入点，对企业基于网络生态所衍生的风险进行识别和评价，给出治理此类风险的企业环境设计、职责规划和岗位设计、风险矩阵和控制流程设计、信息沟通和监督设计等方面的建议。

本书后半部分提出基于人机协同理念的人机治理思路，并创新采用人机关系评价法评估企业对网络依赖的风险程度，确定风险敞口，在风险程度超出管理层设定水平时，就需要启动风险控制系统，让风险水平回归至可接受程度，这是风险管理的核心目标。需要强调的是，传统治理手段无法很好地实现网络环境下的风险防治，需要将系统思路贯彻始终，形成人机协同治理机制，才可以从根本上防范基于网络生态的三类风险的爆发，这是本书的结论，旨在对相关企业有所启发，在风险管理实践中发挥指导作用。

人机治理体系是网络依赖型企业管控风险蔓延的创新体系，核心思想是克服传统内部控制体系的技术与企业文化等软要素割裂的局面，从人机治理环境、风险人机识别、风险人机控制、人机沟通、人机协作监控五个要素构建新型内控治理体系，是基于 COSO、COBIT 体系基本原理，又针对特殊遇险群体的专门化治理思路，是此类风险管理理论的创新尝试。

本书的出版要感谢课题组成员的大力协作，他们分别是赵金淳、关笑雨、谷雨、赵辰阳、田彬、邱捷。书中部分章节的内容来自团队成员的合作贡献。同时，感谢本书所参考的文献和成果的作者，感谢中国财富出版社有限公司及编辑郑晓雯老师的辛勤付出。如果标注有遗漏或谬误，恳请谅解，定在后续更正。

书中的数据和结论难免存在疏漏和谬误，恳请读者批评指正。

本书是北京社会科学基金项目"网络依赖型企业风险蔓延的人机预警机制研究"（编号 19GLB020）的阶段性成果。

目　录

第一章

引　论

党的十九大以来，在"互联网＋"和"双创"等新发展战略的引领下，以网络为主要支撑手段的新型企业得到迅猛发展。据 IDC（国际数据公司）统计，自 2012 年至 2021 年来的 9 年间，此类企业年递增 39%，超过 120 余万家。与一般企业相比，该类企业对网络技术和环境的依赖度极高，其主营业务收入的 60% 以上与网络技术、工具或载体有直接关系，为了研究的方便，本书将其称为"网络依赖型企业"（以下简称为网络企业、网络型企业、网络组织或新型企业等）。在该类企业享有网络带来的便利和效率的同时，伴随网络而蔓延的各类风险也时刻威胁着其生存和发展，尤其是在信息超载、竞争环境瞬息万变的互联互通时代，一个火星式的风险点即可产生燎原之势，对于风险必须及早识别、尽快控制、尽量消除。

本书所研究的企业信息化风险是指企业因实施信息化工作而给自身带来直接或间接损失的可能性，包括直接风险和间接风险。企业信息化是一个包括信息化规划、实施、运行和维护等过程的系统工程。按照诺兰模型（Nolan Model）的阶段性理论来看，信息技术在企业管理领域的应用是一个不断引入、延展、深化和自我完善的进化过程，目的是为企业的各级管理活动提供辅助信息和参考方案。本书所涉及的信息化实施领域，重点讨论企业运营的管理过程，包括管理过程的预测、决策、计划、预算、控制、执行、检查、考核、评价、分析、激励、约束、反馈等管理循环的每个环节所需要的信息技术和信息资源。

具体来讲，网络依赖型企业是指企业核心业务中有 50% 以上产值（有文献认为是 60% 以上）依赖互联网才能完成的一类企业。网络企业的互联性和共生性，导致不少网络企业的内部风险借助网络而迅速传播，使内生的、局部的风险迅速传播蔓延，演变为威胁整个网络生态系统的全局性风险，给网络企业的生存和发展带来灾难。本书立足于京津冀、长三角等互联网发达地区网络化程度较高的特点，结合网络依赖型企业独特的运行环境和技术特征，利用定性和定量手段，构建反映网络依赖型企业的风险传播速度、规模和危害程度的指数模型及求解思路，并针对网络依赖型企业的特点而提出风险识别、评价和预警机制。

据 IDC（中国）机构统计，京津冀、长三角等经济发达区域的网络依赖型企业占企业总数的 27% 左右，这些企业近 3 年的风险敞口爆发率每年递增 130% 左右，企业因"网络黑客""账户木马""钓鱼网站"等而遭受的损失规模数以千亿计。随着国家"互联网 +"战略的进一步落地，网络依赖型企业必然呈"井喷之势"快速发展，不可避免的是各类风险也会随之快速传播，最终可能导致整个网络系统风险的全面爆发。因此，如何控制住网络企业中的关键少数——网络依赖型企业的风险传播速度，切断传播路径、控制蔓延风险，是新时代网络经济环境下学界和实务界亟待解决的现实问题。本书以网络依赖型企业作为切入点和新视角，根据此类企业的"网络依赖性强""风险密集度高且传播性强""资源开放且组织边界模糊""内控体系外部化"等特点，依据利用调查问卷、现场访谈、实务测试等方法得到的一手数据，深入剖析问题的根源和影响，提出全新的信息化管理风险评价方法：人机关系评价法和人机预警机制。

从麦肯锡咨询及毕马威会计师事务所的调查统计结论来看，截至 2020 年年末，企业实施信息化的成功率仍难以达到预期，且信息化方案提供方与企业用户的认识也不一致：前者认为信息化成功率在 70% 左右；而后者认为实施以企业资源计划（ERP）为代表的信息化工作，能达到设计预期效果的不足 50% 甚至更低①。这就是现实。甚至某些企业负责人发出了"不信息化是等死，而信息化是找死"的感慨，业内称其为"信息化悖论"或"信息化投资黑洞"。上述问题无不说明企业实行信息化并不必然带来管理质量的改进和管理效率的提升，尤其是网络依赖程度较高的企业，在信息化过程中可能夹杂着诸多风险或隐患。信息化对管理和控制的提升作用还要依赖于信息化前期的顶层设计、详细调研、需求梳理、流程再造和管理优化等。同时，在整个信息化过程中还要不断修正实施方案，科学设计和合理实施信息化风险管理体系，处理好人与系统的关系，这样才能避免或减少信息化风险。

---

① 根据麦肯锡咨询公司 2021 年学术报告和毕马威网站发布的报告整理而得。

一、概念界定

（一）信息化风险的定义

信息化风险是指由于信息化项目所处环境及行为主体在认识、管理上的不足等各种不确定性，因信息化项目的实施而给企业带来损失的可能性。信息化风险的产生主要是信息化项目的不确定性造成的，这种不确定性无法通过自身努力来消除，而只能在某种程度上降低。

一方面，企业的信息化往往是一个行进性的工作，不可轻易改变规划、推倒重来或者"不断试错"，这种"一次性"的属性使其更具风险性。信息化风险的可预测性也很差。企业的日常业务运行或管理往往是重复性的，它们若出了问题，往往可以事后弥补或"下不为例"，以降低风险带来的总体损失；而信息化项目一旦出了偏差，则很难补救。尤其是网络依赖型企业的核心资源和竞争力非常依赖信息化环境，一旦出现风险，对企业的打击可能是致命的。另一方面，企业实施信息化工作所遵循的路径、采取的模式或工作的方式多种多样，每个企业根据自身的需求规划自己的信息化项目实施模式，因此各有各的具体问题。

诸多风险会贯穿整个信息化工作的全生命周期，并且在信息化项目的不同阶段会有不同的风险。风险大多数随着信息化项目的进展而变化，不确定性一般会逐渐减少，随着项目的进展会陆续表现出规划修改、甲方不认可、工期延迟、成果无法交付、预算不足、人员流失等风险。

（二）信息化风险的影响因素

信息化风险是相对不同的风险行为主体而言的，风险行为主体所处的行业、经济规模、管理风格、管理层水平等均会对信息化风险的大小和后果产生影响。人们对于风险都有一定的承受能力，但是这种承受能力往往因人、因事、因经济实力而异。对于信息化风险，人们的承受能力主要受下列几个因素的影响。

1. 预期收益

在企业管理过程中任何收益都是与风险相伴相随的，人们在追求收益的同时不可避免地要承担风险，而且大小上具有相关性。

2. 投入规模

对于网络依赖型企业来讲，信息化项目的投资往往规模较大，周期比较长，收益存在滞后性。投入越多，企业对预期收益的期望也越大，愿意冒的风险也就越小。投入水平与期望收益之间的关系如图 1-1 所示。

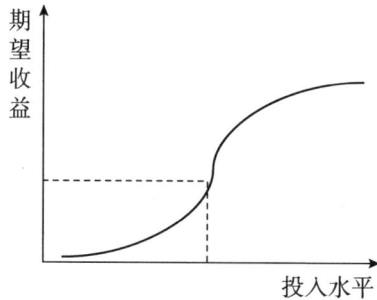

图 1-1 投入水平与期望收益之间的关系

一般来说，人们希望活动获得成功的概率随着投入的增加呈 S 曲线规律增加。当投入少时，人们可以接受较大的失败风险。随着投入逐渐增加，投资人希望获得成功的概率提高，很难接受额外风险。

3. 管理人员级别的高低和拥有资源的多少

网络依赖型企业的管理人员中，不同的个人的承受能力不同。级别较高的管理人员比级别较低的能够承担较大的风险。对于同一风险，个人拥有的资源越多，其经济实力越强，边际收益敏感度越高，工作背景越好，其风险承受能力也越强，如图 1-2 所示。

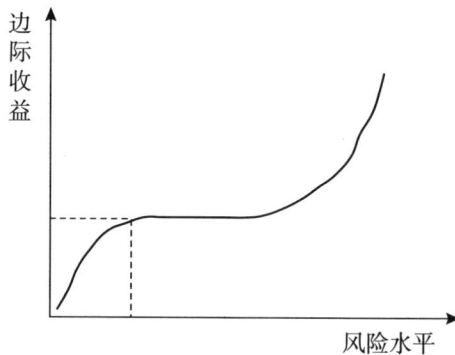

图 1-2 边际收益与风险水平的关系

（三）信息化风险的阶段划分

信息化风险是分阶段发展的，而且各个阶段都有明确的特征和界限。信息化风险的阶段划分如下。

1. 风险潜伏阶段

在这一阶段，潜在风险是危害极小的，但是它会逐步发展成现实的风险。

2. 风险爆发阶段

在这一阶段，风险已经发生，后果已经初步显现，如果不及时采取措施加以处理，风险就会给信息化项目带来危害。

3. 风险后果阶段

在这一阶段，风险已经发生，后果已经形成，只能采取措施尽量减少对信息化项目造成的损失。

二、网络依赖型企业风险分类

网络依赖型企业风险，属于信息化风险大类之下的二级风险。

现实中，大量网络依赖型企业有五成以上的业务收入源于网络或以网络为工具，一旦离开互联网，业务收入就会有大幅下滑或无法开展业务，诸如电商企业、在线服务企业等。此类企业的信息化风险，在本书中简称为网络依赖型企业风险。为了便于研究，本书对其的分类如下。

（一）按信息化工作的表现形式进行分类

按照网络依赖型企业信息化工作在各个阶段表现形式的不同，可以将风险划分为以下七种基本类型：信用风险、规划风险、交付风险、安全风险、运行风险、管理风险和平台风险。

（1）信用风险。信息化项目融资时如果过于依赖信用保证机构，如担保、银行、抵押等机构，而信用保证机构的各个参与者无能力或不愿意承担其信用职责，则有可能导致信息化项目融资产生信用风险。信用风险贯穿于信息化项目的各个阶段，企业应高度重视，否则会引起连锁反应，导致一系列其他风险的爆发。

（2）规划风险。信息化项目的规划风险往往潜藏在信息化项目的规划阶段，是规划方案的不科学、不可行而导致信息化项目或信息化运行达不到目标的可能性。业内认为，规划阶段的隐患是调查不充分、论证不彻底，可导致交付、运行、管理等一系列风险的爆发，如信息化项目建设延期交付、信息化项目投资成本超预算、已完成的项目达不到设计规定的技术经济指标、项目实施后达不到预想功能等。

（3）交付风险。企业信息化交付风险是在信息化成果交付阶段产生的，表现为交付物属性、功能等参数无法达到预期目标的可能性，如交付延期、交付成本过高、交付物缺失、无法按预期的运行等。

（4）安全风险。信息化的安全风险可以表现在信息化项目运行的各个阶段，包括软硬件安全、信息安全、平台安全、风险管理体系安全、监管和审计安全等方面。

（5）运行风险。信息化项目交付后的运行过程往往表现出诸多隐患，如网络拥堵、系统崩塌、违规操作、恶意访问、篡改数据等。

（6）管理风险。"三分建设、七分管理"形象地描述了信息化系统日常管理的重要性，在管理方面可能存在制度缺失、执行不力、奖惩不明、升级不及时等风险。

（7）平台风险。随着大数据、云计算、人工智能等技术的广泛应用，平台化运行模式愈加普遍，如技术服务平台、外部数据平台、在线法规平台等。企业对平台的依赖会扩大本企业的平台风险。如果平台的运行存在问题，会导致企业信息化工作失败或遭受损失。平台风险是一种输入型风险，要靠更高层面的治理来解决，如国家法制的完善、数据环境的规范、网络道德和伦理的建立等。

（二）按风险后果进行分类

按照风险后果的不同，可将网络依赖型企业信息化风险划分为纯粹风险和投机风险。

（1）纯粹风险。不能带来收益可能的风险，称为纯粹风险。纯粹风险只有两种可能的后果——造成损失和不造成损失，但不会带来收益。纯粹风险造成的损失是绝对损失，是不符合任何人的预期的，因为一个理性人的冒险行为都是为了追求收益。实施信息化的企业主体蒙受了损失，企业链、产业链或行业都有可能一起遭受损失，因此应尽量避免。

（2）投机风险。若某个事件可能带来机会、获得收益，又隐含不利、潜在损失，这种风险就称为投机风险，既存在隐患，又存在机会。投机风险有三种可能的后果：造成损失、不造成损失和获得收益。投机风险可细分为市场风险、经营风险和投资风险等。

纯粹风险和投机风险在一定条件下可以相互转化。信息化管理人员需要避免投机风险转化为纯粹风险，并能准确判断纯粹风险的出现，及时采取止损策略，抓住信息化工作给网络依赖型企业带来收益的机会。

三、网络依赖型企业风险管理理论依据

（一）风险管理理论

尽管关注风险是人类进步的本能，但对于什么是风险，即如何精确界定风险，就像风险本身一样，还有很多不确定性，也就是说大家对什么是风险还没有达成统一意见。例如，观点一：C. A. Williams（1985）称风险是指在特定条件和时期，未来结果的不确定性。观点二：J. S. Rosenb（1972）和 F. G. Crane（1984）将风险定义为未来损失的不确定性。观点三：风险因子、风险事件和风险结果是风险的组成要素。本书研究的风险主要涉及风险因子和风险事件发生概率两个方面，在可能对网络依赖型企业风险产生影响的众多因素中找出关键风险因子。

风险管理是指为降低风险的不良影响而制定和运行相应对策的过程，通过风险识别与度量，尤其是动态确定其敞口的大小、性质、危害、延展程度以及对其他风险的连带性等内容，谨慎衡量为规避风险而增加的成本与所获收益间的关系，最终采取措施予以应对的管理技术。成本收益方案和行动措施的决策（包括决定不采取任何行动）有助于以最低的成本收获最大的安全保障。

（二）COSO-ERM 框架

识别动因、评估风险后果、实施风险应对措施是风险管理的三大环节，缺一不可。在 COSO 委员会[①] 2004 年发布的企业风险管理整合框架（COSO-ERM）中，风险管理不再是对个别业务的单一风险进行管理，而

---

① COSO 委员会是全美反舞弊性财务报告委员会发起组织，专门研究内部控制问题。

是以企业整体为起点，也可以理解为以企业的战略规划为逻辑起点，预测、研判战略期内可能出现的风险和不确定性，对这些不确定性即全部风险加强管理，在标准一致的前提下，考虑它们之间的关系，对其予以整体评估，规划出有效的应对措施，从而进行有效应对。

该框架包含内部环境、目标设定、事项识别、风险评估、风险应对、控制活动、信息与沟通、监控八个相互联系的要素。事项识别即风险识别，是指对企业战略目标有利弊影响的事件进行识别，具体包括影响因素、识别技术、各因素间的相互影响、风险类别等；风险评估是未来某事项对目标完成情况的影响，包括数据、视角、应用技术等；风险应对包括风险事前防御、事中控制、事后承受三个方面①。

对于网络依赖型企业，要精准识别其风险敞口，并能客观评价其属性及治理思路，需要将 COSO – ERM 的风险观、内控观、治理观及平衡观等管理思想有机结合应用到该企业中。为了更好地应用整合框架理论，本书梳理了网络依赖型企业的风险特点，尤其是在本体认识论的基础上，对于风险蔓延和扩散的风险敞口，确定了企业风险的研究方向人机治理模式，即结合网络依赖型企业风险现状，确立"风险识别—风险评估—风险治理"的分析过程，这些过程是以人机关系为前提的，从人机关系的基础规律切入，研讨人机共同体下网络依赖型企业风险治理的创新模式。

（三）COBIT 模型

如果说 COSO-ERM 框架是一般企业搭建内部控制体系的国际标准，那么 COBIT（信息及相关技术控制目标）模型则是信息化领域将内部控制体系与企业业务目标进行整合的另一个国际标准。网络依赖型企业的主要业务和日常管理更多地依赖网络工具或平台，其信息化程度往往很高，在信息化过程中其风险的表现、程度、敏感度等不同于一般企业，COBIT 模型列示了对三十多个业务流程的控制机制，并把它们集中到四个子域：规划与组织（Planning and Organization）、获取与实施（Acquisition and Implementation）、交付与支持（Delivery and Support）以及监控（Monitoring）（见图 1 – 3）。

---

① 郑红丽. 高新技术企业信息化风险度量与治理［D］. 北京：首都经济贸易大学，2016.

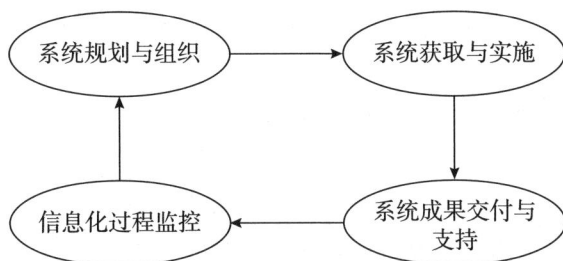

图 1 - 3　COBIT 模型的四个子域

COBIT 已在国际上成为最被广泛接受的 IT（互联网技术）管理与控制标准，在很多国家的政府机关与企业单位中得到了广泛运用。COBIT 模型常被用来帮助政府、企业单位对信息资源进行整合，对风险加以准确识别与治理。

在研究网络依赖型企业风险的人机治理模式时，需要将 COBIT 模型进行融合改造，打破 COBIT 模型适用于一般 IT 化过程的规律，再造一个人机 COBIT 模型，可以是如下的类似思路，具体方法将在后面论证，这里仅给出释义性解释。

COBIT 模型被许多学者誉为连接企业目标与 IT 治理目标之间的桥梁。

从内容覆盖面上看，COBIT 模型囊括了从研究设计到应用实施，再到系统维护的整个过程。在规划与组织阶段，核心是准确把握 IT 战略与业务需求间的关系，在业务目标基础上使 IT 战略具体化，选定适用的 IT 系统，对其进行详细的系统研究和设计。这种条件下的 IT 系统的研发过程以公司的实际业务需求为准绳，所以更注重信息系统与业务需求间的融合。系统获取与实施阶段主要是考察企业需求，同时根据企业需求整合资源，提供优质的 IT 服务以满足企业需求。此时，IT 实施已上升到 IT 服务阶段。CO-BIT 顶层是对 IT 实施过程加以监控，保证信息化效果与手工业务处理结果高度一致。COBIT 模型覆盖整个信息系统的生命周期，根据 COSO 委员会对其的定义，其控制目标包括：

（1）有效性（Effectiveness）：指信息与业务流程相关，并以及时、精准、可靠的方式传递。

（2）高效性（Efficiency）：指通过使资源得到最优利用（最高产和最经济）来传递信息。

（3）机密性（Confidentiality）：指对敏感信息的保护，防止未经授权的接触。

（4）完整性（Integrity）：指信息的准确性和完整性，以及与商业评价及预期的一致性。

（5）可用性（Availability）：一方面指在业务处理过程中，所需信息是可用的；另一方面指对必要的资源进行保护。

（6）符合性（Compliance）：指在经营业务时应严格以法律、法规和合同为准绳。

（7）可靠性（Reliability）：指为企业决策人员的日常经营管理及财务报告的使用人提供真实有效的信息。

总之，COBIT 模型考虑了企业战略与 IT 战略间的密切关系，并形成不断完善的动态循环机制。

综上所述，将 COBIT 模型与 COSO-ERM 框架进行融合，对网络依赖型企业信息化过程进行监督控制，可发挥风险管控和资源治理的双重作用，从方法论依据和模型理论维度对研究对象进行风险识别、评估和管理。前者是基于风险导向的管控体系的搭建，后者是基于信息技术体系搭建的目标导向，二者融合在企业组织的风险管理活动中，针对网络依赖型企业的风险特点，通过体系对体系、要素对要素、目标对目标，构建基于人机关系评价法（HuPC）和信息化成熟度模型（HI-CMM）的风险控制体系。

四、网络依赖型企业风险治理成熟度模型 HI-CMM

每个企业的信息化投资规模不同，各软件要素、硬件要素、数据要素、规则要素和人员要素之间的空间关系、传递关系、控制关系和布局均存在差异，这会导致其信息化程度各不相同，其对应的风险也不尽相同。为了针对不同网络型企业识别出不同的风险并提出可有效落实的风险防范措施，本书借助信息系统能力成熟度模型（CMM/CMMI）的原理，对网络依赖型企业的信息化成熟度进行不同等级划分，以便针对每个成熟度给出对应的风险防范建议，这也是具体问题具体分析、因企施策、"一级一策"的风险防控原则的体现。

（一）HI-CMM 模型

由美国卡内基梅隆大学软件工程研究院于 1987 年研发提出的 SW-CMM 模型（Capability Maturity Model for Software，软件生产能力成熟度模型），主要用于评价软件供应商对软件系统的完成能力，并帮助其改善软件质量的系列思路和方法，其手段是通过对软件工程的制度、流程等管理基础进行改进，增强其开发与优化能力，保证预算、进度和质量三位一体的软件项目范围可控，并符合委托方的预期。

结合上述理论以及项目组调研得到的企业各类表现指标，拟提出网络依赖型企业信息化成熟度的概念。所谓网络依赖型企业信息化成熟度，英文表示为 High-Internet Enterprises for Capability Informatization Maturity Model，简称为 HI-CMM，用于评价网络依赖型企业信息化建设程度和应用水平，评价方法一般包括采用"人机关系"评价法所设计的指标体系，即包括"人因""机因""人机关系"三个维度，再结合 COSO-ERM 框架和 COBIT 模型的要素指标，综合设计出具体的评价指标。网络依赖型企业信息化程度一方面依赖系统供应商或合作方对包括软件系统在内的整个系统的完成保证程度，是一系列指标评价的结果；另一方面是网络依赖型企业自身在预算、流程优化、组织再造、管理效率及资源配置方面和信息化资源应用合理规划和科学实施的配套措施。上述两个方面共同界定了企业信息化程度①即 HI-CMM 的等级。

HI-CMM 模型还在发展之中，初步思路是，根据网络依赖型企业的管理特点和目标需求，可将信息化成熟度模型 HI-CMM 的等级划分为四级，如图 1-4 所示，分别为：萌芽级（HI-CMM 1）、花苞级（HI-CMM 2）、青果级（HI-CMM 3）和红果级（HI-CMM 4）。

（二）HI-CMM 下的风险管理策略

对于网络依赖型企业来讲，信息化成熟度级别的评价可以定期进行更新，如每年 1 次或 2 次，达到 HI-CMM 4 之后，还要持续跟踪、动态调整。不同成熟度网络依赖型企业的风险识别、分析、评估、排序和防范的策略

---

① 本书中提到的企业信息化程度、信息化成熟度、网络依赖型企业信息化成熟度等概念，如无特别说明，均指相同含义，只为表述方便。

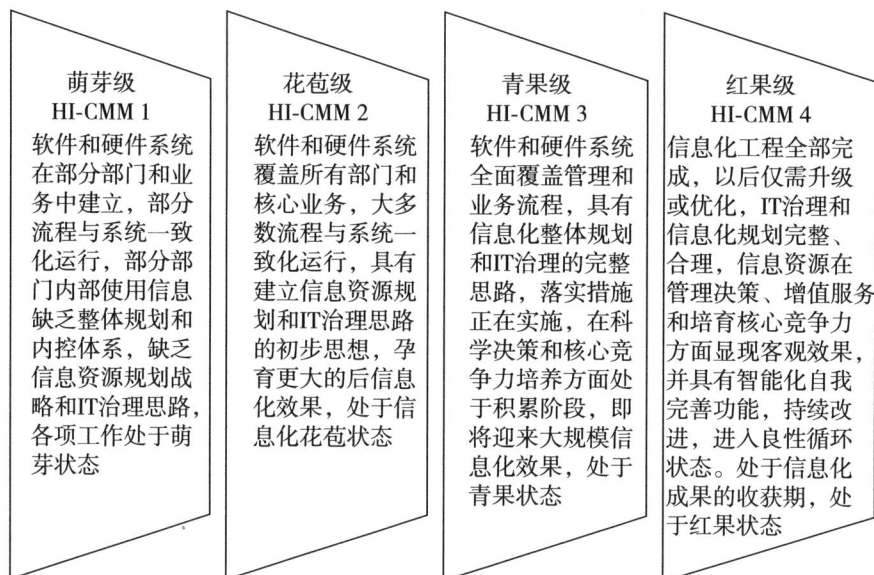

图1-4 HI-CMM模型的四级

| 萌芽级 HI-CMM 1 | 花苞级 HI-CMM 2 | 青果级 HI-CMM 3 | 红果级 HI-CMM 4 |
| 软件和硬件系统在部分部门和业务中建立，部分流程与系统一致化运行，部分部门内部使用信息缺乏整体规划和内控体系，缺乏信息资源规划战略和IT治理思路，各项工作处于萌芽状态 | 软件和硬件系统覆盖所有部门和核心业务，大多数流程与系统一致化运行，具有建立信息资源规划和IT治理思路的初步思想，孕育更大的后信息化效果，处于信息化花苞状态 | 软件和硬件系统全面覆盖管理和业务流程，具有信息化整体规划和IT治理的完整思路，落实措施正在实施，在科学决策和核心竞争力培养方面处于积累阶段，即将迎来大规模信息化效果，处于青果状态 | 信息化工程全部完成，以后仅需升级或优化，IT治理和信息化规划完整、合理，信息资源在管理决策、增值服务和培育核心竞争力方面显现客观效果，并具有智能化自我完善功能，持续改进，进入良性循环状态。处于信息化成果的收获期，处于红果状态 |

思路不同，需要在科学评价 HI-CMM 等级的基础上进行。每一级别所对应的风险管理策略如表1-1所示。

表1-1　　HI-CMM 的不同等级所对应的风险及相应的管理策略

等级	可能的风险	管理策略
萌芽级 HI-CMM 1	缺乏信息化规划 实施信息化思路不清晰 各部门系统割裂，信息化人才不足 无法满足企业对信息资源的价值需要 优化流程和制度不健全	制定科学的规划 明确信息化思路 勾画统一的信息化体系 合理规划信息资源价值 建立完善的制度、流程和内控体系
花苞级 HI-CMM 2	有规划而没有合理保障资源和实施措施 存在信息孤岛 IT治理与企业治理脱节 流程优化和制度不稳定	制订信息化规划方案和实施细则 建立信息化规划落实保障机制 持续监督流程体系、信息化规划、制度体系等 IT治理与企业治理有机整合

续表

等级	可能的风险	管理策略
青果级 HI-CMM 3	信息化效果不稳定 信息化人才不稳定、机制不健全 信息化持续提升动力不足 信息化成果遭遇瓶颈 信息化战略与企业战略无法动态协同	建立人才和资源保障机制 持续关注信息化战略与企业战略的协同性 IT 治理与企业治理持续协同
红果级 HI-CMM 4	机制僵化和动力停滞的风险 由跟随到引领的机制切换风险 无法适应环境激变的风险 内控系统、流程系统和制度体系僵化 输入性风险与内生性风险叠加爆发	建立动态自适应环境的信息化优化机制 完善企业治理和 IT 治理 动态监视企业流程、制度和内控体系 持续提升风控系统的敏感性和防范效果

（三）调研指标设计原则

网络依赖型企业的 HI-CMM 模型可具体指导风险问卷指标设计，需要遵循如下原则。

1. 分类分级原则

在网络依赖型企业大类中区分行业特点、规模大小和 HI-CMM 等级，根据企业的不同类别、不同信息化成熟度设计有差异的问卷指标。

2. 边界清、通用性强原则

设计的问题应清晰可辨、边界明确，针对"人因""机因"和"人机关系"三大类因素，覆盖所有的网络依赖型企业。这样得到的指标才具有可比性，可加工分析，结论的通用性强，得出的风险防范措施才有说服力。

3. COSO-ERM、COBIT 和 HI-CMM 三者整合原则

三个模型/框架分别从不同的角度揭示了企业在环境、流程、制度、业务、信息和监督等方面的风险，同时兼顾 IT 环境下或网络依赖型企业生命周期内，在不同信息化层级中的风险动因、概率、后果和可治理性。这

是区别于一般企业的风险调查的特殊之处。

4. 风险导向和经济导向并重原则

问卷设计的目的是广泛识别网络依赖型企业可能遇到的风险或隐患，因此一方面要符合风险导向，将可能遭遇的风险的所有影响因素、概率分布尽可能纳入问卷的调查范围；另一方面要符合成本效益原则，测算该项工作的经济可行性以及是否有长远的战略意义。针对小企业要设计简单易答的问卷，对于大型网络依赖型企业应设计较全面的问卷。

5. 系统化、动态性原则

为适应网络依赖型企业环境复杂、竞争加剧、成长性高且倒闭风险大等特点，设计问卷指标时应总体考虑风险格局和指标呈现情况，实现测算某些企业的存在年限和倒闭风险，只要某些企业能够覆盖整体指标体系，完整体现动态发展状态下企业组织协调所表现的风险全貌即可，经过详细分析后便可能得到网络依赖型企业整体的风险现状和发展趋势，为后期风险治理措施的提出提供现实数据支撑。

如图 1-5 所示，网络依赖型企业 HI-CMM 成熟度模型是根据已有的研究成果，在 HI-CMM 模型的基础上，融合网络依赖型企业的组织特点、经营模式、管理属性等要素构建的。

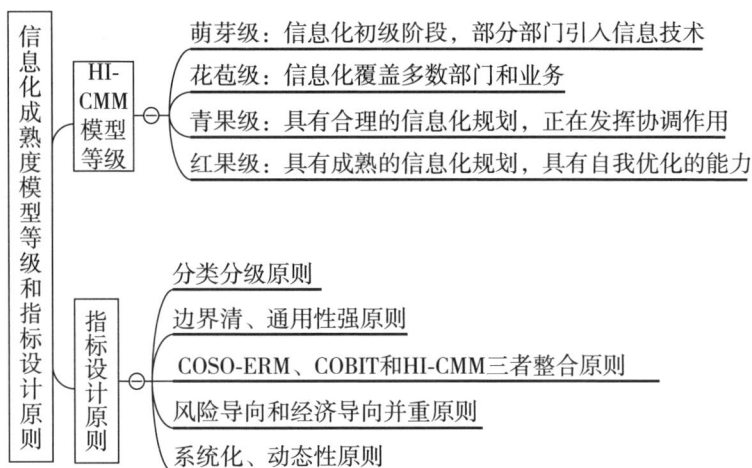

图 1-5　信息化成熟度模型等级和指标设计原则

萌芽级是第一级，是指对其依赖的网络工具和平台的管理仅处于初级阶段，基本不存在规范和系统的管理体系，一旦网络出现问题，只能被动接受，甚至导致风险失控，此类级别的企业一般处于数据初创期，对现代网络系统过度依赖，而且缺乏相应的管控措施或没有系统的管理思路，因此处于最低级别的成熟度。

花苞级是第二级，是指经历过初创期后逐渐成熟起来的企业依然对网络工具或平台高度依赖，但管理的经验、措施和系统相对成熟，是在第一级的基础上发展起来的，针对网络风险蔓延的不同特点，制定了或事实上已经运行着不同的管理制度或系统，其效果尚不明朗或无法保证管控较大的风险，该类型管理一般发生在中小型电商企业、线上业务企业或网络联合体①的具体业务管理过程中。

青果级是第三级，意味着在风险管控方面已有卓越成果，并为以后的规范管理打下了基础，有"青果"就不愁成熟变成红果，是前期开花的结果，其主要表现为该企业有合理完整的风险防控规划思路，并与企业战略结合，在战略框架内考虑风险管控问题，需要在整体制度安排、资源协调、体制机制保障等方面促进青果级成熟度类型的企业执行风险防范战略。

红果级是第四级，也是最高等级，该等级的最大特点是基于风险管控的信息系统、制度系统、内控系统、治理系统等已经建立并成熟运转，可自主有效地识别风险要素、敞口规模、后果评价和适配管控措施，并与企业系统管理成熟度相适应。该级别属于最易达成人机和谐的层级，系统中人的因素与IT因素通过成熟度模型固化下来，并体现出丰富灵活的自适应能力、系统学习能力和优化管控风险效果的能力。

---

① 本书所提网络联合体也称为网联体，是指不同类型的独立企业为了某个项目或合作协议，进行某种程度的联合，联合的纽带是互联网或局域网，彼此合作完成一个交付物，权利和责任按照事先商定的规则来划分，是网络时代企业间合作的一种发展趋势，此处仅提概念性解释，深入研究留待以后。

第二章

网络依赖型企业
特征分析

前已述及，网络依赖型企业并不是一个严谨的分类，仅是现实中普遍存在的一大类企业，其核心业务中有50%以上的产值（有文献认为是60%以上）需要依赖互联网才能完成。这类企业的影响力、规律性、危害性等均不可忽视，因此应该对其加以研究，更好地管理和服务该类企业，这是本书进行问卷调查（本书附录为调查问卷），并对其特征现状进行详细分析的原因所在。

本章将从被访问企业（样本企业）的上市属性、所有权性质和收入规模三个角度对样本企业的特征进行分析，旨在初步认识样本企业发生内部风险的可能性、风险扩散的可能性和影响程度，评估相关风险敞口的环境、规模、条件，以便更好地利用人机关系评价实施风险的识别、评估，并建立人机预警机制。

一、样本特征分析

（一）样本企业相关属性分析

上市公司指其所公开发行的股票经过国务院或者国务院授权的证券监督管理部门批准在证券交易所上市交易的股份有限公司；非上市公司指其股票没有上市也不能在证券交易所交易的股份有限公司。

具有不同上市属性的企业在信息披露要求、融资渠道和企业架构等方面存在显著差异。第一，对上市公司比对非上市公司的信息披露要求更为严格。例如，《中华人民共和国证券法》第七十九条规定，上市公司、公司债券上市交易的公司、股票在国务院批准的其他全国性证券交易场所交易的公司，应当按照国务院证券监督管理机构和证券交易场所规定的内容和格式编制定期报告，并按照规定报送和公告。第二，上市公司相对于非上市公司的融资渠道更广泛。如公司首次上市时可以通过出让部分股份获得资金来扩大生产规模。第三，上市公司相对于非上市公司的企业架构更为完善。上市公司需要有完整的股东大会制度、完整的董事会和监事会制度以及完整的法人治理结构，而非上市公司则并不需要。这些显著性差异会对企业的风险管控能力产生影响，并最终影响企业风险扩散的可能性和影响程度。同时，相比非上市公司，上市公司的股份可以在证券交易所中挂牌、自由交易流通，这提升了企业对整个资本市场的影响力，从而提高了企业风险扩散对整个网络生态系统的威胁程度。

因此，本书首先根据公司是否上市对样本企业进行划分，目的主要有三个。第一，初步认识样本企业的规模特征。公司需要具备一定的规模才可以上市。因此，我们认为，如果样本企业中上市公司数量较多，则表明，总体而言，样本企业的规模较大，资金储备充足，有动机和能力进行网络风险的管理。第二，初步认识样本企业的风险管控能力。上市公司无论从企业规模还是业务复杂度的角度来看，都可能面临更多的风险，因而更重视自身的风险管控能力。因此，我们认为，如果样本企业中上市公司数量较多，则表明，总体而言，样本企业的风险管控能力较好，发生内部风险的可能性较小。第三，初步认识样本企业产生风险的后果。上市公司具有一定的市场份额，而且股份能够在市场中自由流通，因而风险可能扩散，从而可能会对整个市场产生影响。因此，我们认为，如果样本企业中上市公司数量较多，则表明，总体而言，样本企业发生内部风险时，风险扩散的可能性和影响程度较高。

表 2-1 和图 2-1 表明了根据上市属性对样本企业进行分类的结果。由分类结果可知：在本次调查的 83 家企业中，主要是非上市公司。具体来看，上市公司有 17 家，约占 20.48%；非上市公司有 66 家，约占 79.52%。结果表明，大多数样本企业的规模较小，融资受到约束，从而对风险管控能力的建设产生负面影响。同时，不严格的信息披露制度和不完善的企业治理结构也提高了企业产生内部风险的可能性。但是，较小的规模和非上市公司的属性使企业产生内部风险后风险扩散的可能性和影响程度较低。

表 2-1	企业类型分布 1
上市属性	企业数量（家）
上市公司	17
非上市公司	66

上市公司
20.48%

非上市公司
79.52%

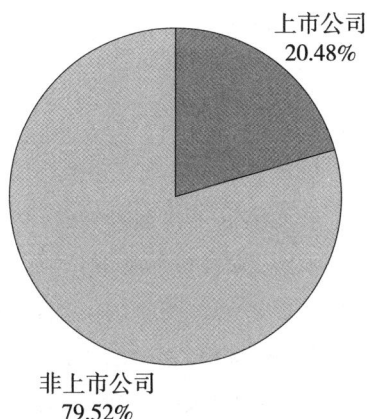

图2-1 企业类型分布1

　　本书指出，网络依赖型企业是以网络为依托的新型企业，具有明显的时代特色。而调查结果显示，大多数网络依赖型企业并没有上市，约占样本企业总数的79.52%，这会导致如下两种情况：第一，从企业层面而言，非上市公司可能缺少足够的融资渠道来获得资金，而资金的不足会影响企业的风险管控能力建设，从而导致内部风险发生的概率加大；第二，从国家层面而言，国家对非上市公司的监督较少，这会导致对该类企业总体风险的管控不足，从而影响国家信息化产业战略的实施。因此，企业应该积极谋求上市来获取更广泛的融资来源和更自由的资金使用环境，同时，上市环境存在多层级的企业监管要求，可促使企业加强风险管控，提升识别和评价风险的能力，实现持续健康发展。国家应借助"双创"政策的有利契机，为不同类型、不同规模，尤其是小微企业的"双创"意愿创造条件；同时在注册制、新三板、科创板等利好的激励下，鼓励有能力的网络依赖型企业通过不同板块上市融资、扩大规模，这对提升其抗风险能力有利。同时，国家应为暂时无法上市的企业提供一定的政策支持，创造和培育条件，使企业能够获得充足的资金支持自身发展，从而降低总体风险水平，促进未来国家信息化产业的发展。

　　拟上市公司是指以未来上市为目标，上市进度上有实质性进展并经省以上发展和改革委员会（简称发展改革委）确认的企业。两年内拟上市公司虽然属于非上市公司，但是在盈利能力、创新能力和企业规模等方面与其他非上市公司存在显著差异。同时，两年内拟上市公司在上市过程中需要保持经营稳定，避免出现盈利明显下降的状况。因此，两年内拟上市公司会加强风险管控能力来降低企业产生内部风险的可能性，进而保证企业成功上市。

基于以上分析，本书对非上市公司做了进一步划分，将非上市公司分为两年内拟上市公司和其他非上市公司。我们认为，两年内拟上市公司产生风险的可能性要低于其他非上市公司，但是风险扩散的可能性和影响程度与其他非上市公司没有显著差异。

表2-2和图2-2显示了根据上市属性对样本企业进行详细分类的结果。由分类结果可知：在本次调查的83家企业中，主要是非上市公司。对非上市公司进一步划分的结果显示，两年内拟上市公司和其他非上市公司的数量大体相等，分别是31家和35家。结果表明，虽然样本企业主要是非上市公司，当企业发生内部风险时，风险扩散的可能性和影响程度较低，但是，样本企业在风险管控能力方面存在显著差异。

表2-2　　　　　　　　　　　企业类型分布2

上市属性	企业数量（家）
上市公司	17
两年内拟上市公司	31
其他非上市公司	35

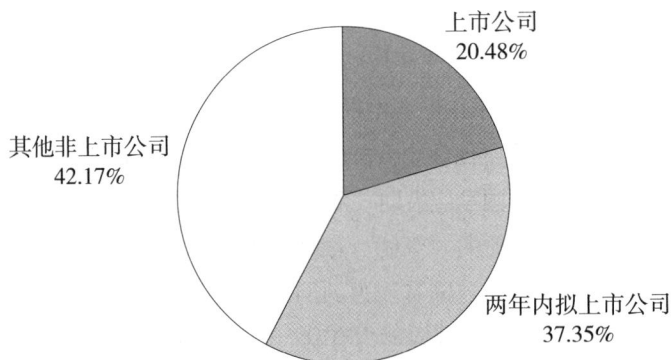

图2-2　企业类型分布2

综上所述，就现阶段而言，网络依赖型企业大多未上市，具有较低的风险扩散可能性和影响程度。但是，从长期来看，该类型企业大多会选择上市，从而提高企业风险扩散的可能性和影响程度。因此，国家在创造条件鼓励该类型企业上市的同时，需要关注企业的风险管控能力，尽可能减少企业风险扩散对市场造成的不利影响。

（二）样本企业所有权性质分析

国家对国有企业的资本拥有所有权或者控制权，国家的意志和利益决定了国有企业的经营行为，国有企业是国民经济发展的重要力量，是中国特色社会主义的经济支柱。

不同的所有权性质决定了企业在风险承担和风险控制方面存在显著差异。第一，在风险承担方面，根据产权观，在政府的严格干预下，国有企业的主要问题在于经营目标的扭曲和管理层激励约束机制的缺失[1]。为了保证某些政治或社会目标的实现，国有企业在做出相应的投资决策时会偏离企业价值最大化目标，从而在"企业盈利性"和"国家公共性"之间的权衡下[2]，倾向于选择更稳健的投资策略[3]。同时，为了实现上级政府的目标，并满足资产保值增值的要求，国有企业管理者出于趋利避害的考虑，往往也不愿意选择预期净现值为正，但具有高风险的投资项目[4]。因此，在其他条件一定的情况下，国有企业的风险承担水平显著低于非国有企业[5]。第二，在风险控制方面，国有企业作为一种生产经营组织，同时具有商业性和公益性的特点，其商业性体现为追求国有资产的保值和增值，其公益性体现为国有企业的设立通常是为了实现国家调节经济的目标，起着调和国民经济各个方面协调发展的作用[6]。因此，在一定条件下，国有企业管理者会更重视对风险的控制，尽可能避免国有资产的减损。同时，由于国有企业的重要地位和作用，当国有企业发生内部风险时，政府会更及时地协助控制风险，降低风险扩散的可能性，尽可能避免企业的内部风险对整个经济环境产生重大影响。

因此，本书根据所有权性质将样本企业分为国有企业和非国有企业，目的主要有三个。第一，初步识别样本企业的规模特征。国有企业是中国经济运行的稳定器，而且国家所有的性质使国有企业更容易获得来自各方的资金支持。如果样本企业中国有企业数量较多，则表明样本企业的规模

---

① 张维迎. 从现代企业理论看国有企业改革 [J]. 改革, 1995 (1)：30 – 33.
② 周耀东, 余晖. 国有垄断边界、控制力和绩效关系研究 [J]. 中国工业经济, 2012 (6)：13.
③ 王振山, 石大林. 股权结构与公司风险承担间的动态关系——基于动态内生性的经验研究 [J]. 金融经济学研究, 2014 (3).
④ 李文贵. 所有权、管理者特征与企业风险承担 [D]. 武汉：武汉大学, 2014.
⑤ 魏文君, 吴蒙. 内部控制、融资约束与公司绩效 [J]. 会计之友, 2019 (21)：6.
⑥ 徐开贵. 四川省国资委对省属国企改革监管的案例研究 [D]. 成都：电子科技大学, 2019.

较大，持有的现金较多，有动机和能力进行网络风险的管理。第二，初步认识样本企业的风险管控能力。国有企业多处于重要行业，发挥着重要作用，因而政府和国有企业管理者对企业自身的风险管控能力较为重视，会避免或尽可能减少风险的发生。如果样本企业中国有企业数量较多，则表明样本企业的风险管控能力较强，发生内部风险的可能性较小。第三，初步认识样本企业产生风险的后果。国有企业在我国的重要地位使政府在企业产生风险时，会协助企业采取多种措施应对风险，降低风险扩散的可能性和影响程度。如果样本企业中国有企业数量较多，则表明样本企业风险扩散的可能性和影响程度较低。

表2-3和图2-3显示了根据所有权性质对样本企业进行分类的结果。由分类结果可知：在本次调查的83家企业中，主要是非国有企业。具体来看，国有企业有7家，约占8.43%；非国有企业有76家，约占91.57%。结果表明，大多数样本企业不具备国有资本背景，规模较小，对于自身风险、外来风险等的重视程度较低，从而对风险管控能力的建设产生了负面影响。同时，较弱的资金筹集能力也会提高企业产生内部风险的可能性。但是，较小的规模和非关键地位的属性使企业产生内部风险时，风险扩散的可能性较高，而风险扩散的影响程度较低。

表2-3　　　　　　　　　　　企业所有权性质分布1

所有权性质	企业数量（家）
国有企业	7
非国有企业	76

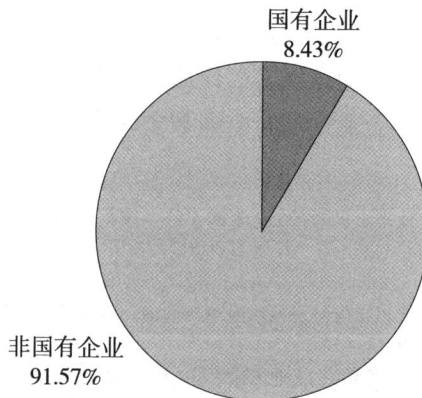

图2-3　企业所有权性质分布1

网络依赖型企业的核心业务有一半以上需要依赖互联网才能完成，具有较高的信息化程度是企业未来的发展趋势。而调查结果显示，国有企业在其中所占的比例不足1/10，这表明国有企业在信息化方面与其他企业还存在较大差距。靖继鹏和孙立明（2002）通过对企业自身和企业竞争环境的分析，发现信息技术可以改变企业的价值链，改变企业与其竞争者之间的竞争对比，从而为企业创造竞争优势带来新的可能性[①]。因此，国有企业作为国民经济的中坚力量，应该紧跟信息技术发展趋势，积极应用信息技术来创造竞争优势，实现国有资产的保值增值。

外资企业是指依照我国有关法律规定，在我国境内设立的由外国投资者独自投资经营的企业。内资企业是指依据我国有关法律规定，在我国境内设立的由我国投资者投资创办的企业。按投资主体的不同，企业可分为国有企业、集体企业、私营企业和这三种企业之间的各种联营企业等。企业中是否拥有外国资本，会在一定程度上影响企业的风险管控能力。同时，含外资企业在中国境内经营通常遵循成本效益原则，当企业有较大风险时，如果应对风险的成本高于收益，则可能发生资本撤出的情形，从而对资本市场产生重大影响，即风险扩散的可能性和影响程度较大。

因此，本书根据企业资本中是否含有外国资本，将样本企业分为含外资企业和其他企业，目的主要是从不同的角度对样本企业的风险控制能力和风险扩散特点进行分析。

表2-4和图2-4显示了根据是否拥有外国资本对样本企业进行分类的结果。由分类结果可知：在本次调查的83家企业中，含外资企业有31家，约占37.35%；其他企业有52家，约占62.65%。结果表明，虽然大多数样本企业具有较弱的风险意识和风险管控能力，产生内部风险的可能性较高，但是，大多数样本企业是由我国资本投资设立的，当产生内部风险时，出现资本撤出的情形较少，企业有动机应对风险和避免风险扩散，从而导致较低的风险扩散可能性和影响程度。

网络依赖型企业的风险会借助网络迅速传播，从而对整个网络生态系统产生不利影响，因此，如何防止该类企业内部风险的扩散是值得关注的问题。调查结果显示，大多数企业是由我国资本投资设立的，

---

① 靖继鹏，孙立明. 信息技术对企业竞争优势的影响［J］. 情报科学，2002，20（4）.

这在一定程度上避免了外资撤出情形的出现，降低了企业风险扩散的概率。但是，这也限制了企业利用外国的先进管理经验，从而对企业风险管控能力产生了负面影响。因此，网络依赖型企业应当在保证自身控制权的基础上，适当利用外资来提升资产质量、提高风险管控能力和促进技术进步，从而在激烈的竞争中脱颖而出，获得投资者的认可。

表 2 - 4　　　　　　　　　　企业资本性质分布 2

资本性质	企业数量（家）
含外资企业	31
其他企业	52

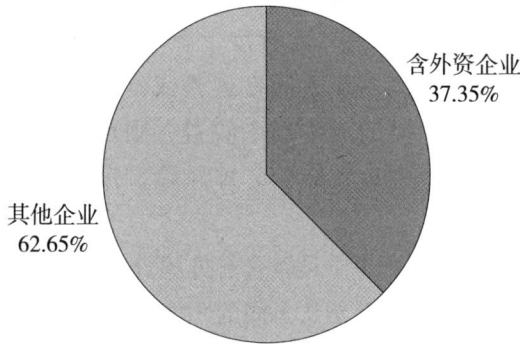

图 2 - 4　企业资本性质分布 2

最后，本部分在根据所有权性质进行分类的基础上，将国有企业进一步分为中央管理企业和其他国有企业，将非国有企业进一步分为混合所有制企业、民营企业、外资企业和中外合资企业，主要目的是对样本企业的性质分布做更详细的了解和认识。

表 2 - 5 和图 2 - 5 显示了根据所有权性质对样本企业进行详细分类的结果。由分类结果可知：在本次调查的 83 家企业中，主要是非国有企业，共 76 家，约占 91.57%。在对非国有企业做进一步分类后，可以发现民营企业和含外资企业数量相差较少，分别为：民营企业有 36 家，约占 43.37%；含外资企业有 31 家，约占 37.35%。其中，外资企业有 14 家，约占 16.87%；中外合资企业有 17 家，约占 20.48%。结果表明，总体而言，样本企业主要是由非国家资本投资设立的，具有更高的风险承担水平

（李文贵和余明桂，2012），因而更容易选择激进的投资项目，从而提高产生内部风险的可能性。同时，非政府背景使企业产生内部风险后缺失政府力量的参与，从而导致较高的风险扩散可能性。但是，企业风险扩散的影响程度较低。

表2-5　　　　　　　　　　企业所有权性质分布3

所有权性质	企业数量（家）
中央管理企业	3
其他国有企业	4
混合所有制企业	9
民营企业	36
外资企业	14
中外合资企业	17
其他类型企业	0

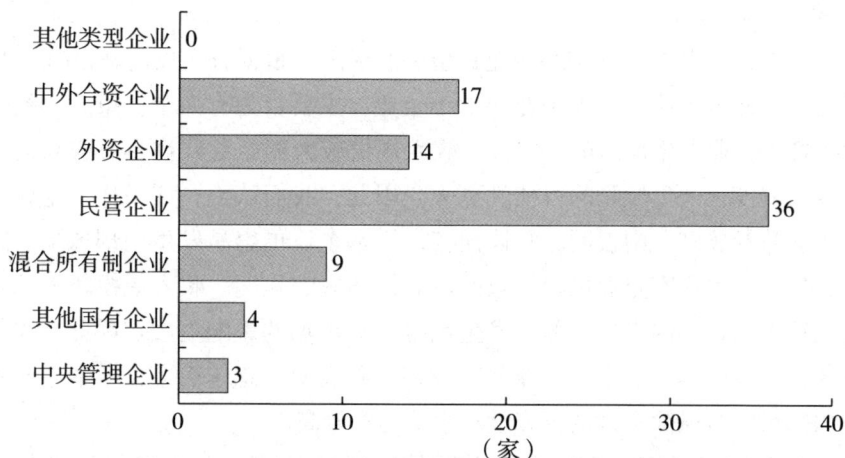

图2-5　企业所有权性质分布3

综上所述，就统计数据而言，网络依赖型企业主要由民间资本和外国资本投资设立，国家资本较少参与其中。虽然逐利的民间资本和外国资本有助于促进企业创新，推动国家信息化产业的发展，但是，国有资本的缺席使国家对该类型企业拥有较弱的风险管控能力，从而导致企业内部风险更容易扩散并对整个网络生态系统产生影响。因此，国家在推动国有资本从一般竞争性领域退出的同时，应当适当关注网络依赖型企业的风险问题，保证网络生态系统稳定运行。

（三）样本企业收入规模分析

本次调研的对象还包括中小企业的界定。这里的中小企业是指在中华人民共和国境内依法设立的，人员规模、经营规模相对较小的企业，包括中型企业、小型企业和微型企业。中型企业、小型企业和微型企业的划分标准由国务院负责中小企业促进工作综合管理的部门会同国务院有关部门，根据企业从业人员、营业收入、资产总额等指标，结合行业特点制定，并报国务院批准。中小企业在规模、业务复杂程度、治理结构和融资能力等方面与大型企业存在显著差异，如中小企业拥有较小的规模、较简单的业务、较弱的治理能力、粗放的治理结构和较高的融资成本，这些差异会对企业产生风险的可能性以及后果产生影响。因此，本书对样本企业的收入规模进行调查，旨在初步了解样本企业的规模特征，并从风险应对能力的角度认识企业风险发生和扩散的可能性以及风险扩散的影响程度。

首先，本书参考《中小企业划型标准规定》根据收入规模是否超过10亿元，将样本企业分为大企业和中小企业，主要目的有两个。第一，初步识别样本企业发生风险的可能性。收入规模较大的企业往往具有较高的业务复杂程度，产生风险的可能性更大。因此，我们认为，如果样本企业中大企业数量较多，则表明，总体而言，样本企业更容易发生内部风险。第二，初步识别样本企业风险扩散的可能性和影响程度。收入规模较大的企业往往占据较多的市场份额，发生风险时对市场的影响更大。因此，我们认为，如果样本企业中大企业数量较多，则表明，总体而言，样本企业发生内部风险时风险扩散的可能性和影响程度较高。

表2-6和图2-6显示了根据收入规模对样本企业进行初步分类的结果。由分类结果可知：在本次调查的83家企业中，主要是大企业。具体来看，大企业有52家，约占62.65%；中小企业有31家，约占37.35%。结果表明，虽然大多数样本企业没有上市且非国有性质，但是它们具有较大的收入规模，这提高了该类型企业风险扩散的可能性和影响程度。

表 2 - 6　　　　　　　　企业收入规模是否超过 10 亿元分布 1

收入规模是否超过 10 亿元	企业数量（家）
大企业（超过 10 亿元）	52
中小企业（未超过 10 亿元）	31

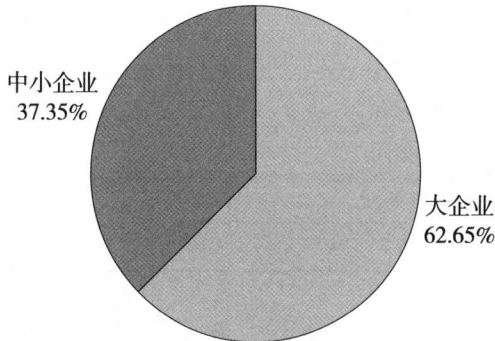

图 2 - 6　企业收入规模是否超过 10 亿元分布 1

其次，本书根据一定的收入标准对大企业和中小企业做进一步分类，将大企业分为收入在 1000 亿元以上、500 亿 ~ 1000 亿元、100 亿 ~ <500 亿元、50 亿 ~ <100 亿元和 10 亿 ~ <50 亿元五类，将中小企业分为收入在 1 亿 ~ <10 亿元、3000 万 ~ <1 亿元、500 万 ~ <3000 万元和 500 万元以下四类，旨在进一步了解样本企业的分布情况。

表 2 - 7 和图 2 - 7 显示了根据收入规模对样本企业进一步分类的结果。由分类结果可知：在本次调查的 83 家企业中，收入规模主要在 3000 万 ~ <100 亿元，共 68 家，约占 81.93%。其中，收入规模在 50 亿 ~ <100 亿元的企业最多，共 25 家，约占 30.12%；收入规模在 10 亿 ~ <50 亿元的企业共 20 家，约占 24.10%；收入规模在 1 亿 ~ <10 亿元的企业共 12 家，约占 14.46%；收入规模在 3000 万 ~ <1 亿元的企业共 11 家，约占 13.25%。结果表明，总体而言，网络依赖型企业具有较大的收入规模，产生内部风险的可能性较高，风险扩散的可能性和影响程度较大。因此，对网络依赖型企业风险蔓延的人机预警机制的研究具有一定的现实意义，有助于企业借助模型准确把握自身风险并对其进行管控，从而降低风险扩散的可能性和风险扩散对整个网络生态系统的影响程度。

表 2－7　　　　　　　　　不同收入规模企业分布 1

收入规模	企业数量（家）
1000 亿元以上	4
500 亿～1000 亿元	1
100 亿～＜500 亿元	2
50 亿～＜100 亿元	25
10 亿～＜50 亿元	20
1 亿～＜10 亿元	12
3000 万～＜1 亿元	11
500 万～＜3000 万元	8
500 万元以下	0

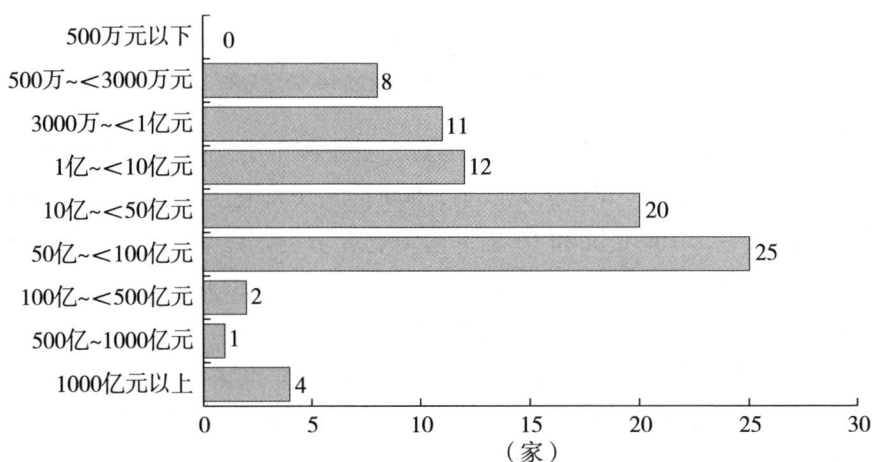

图 2－7　不同收入规模企业分布 1

然后，本书结合样本企业的上市属性进一步研究样本企业的分布情况，旨在对样本企业的风险管控能力做进一步了解和认识。

表 2－8 和图 2－8 显示了结合样本企业上市属性的收入规模分布结果。由分布结果可知：上市公司的收入规模主要在 50 亿～＜100 亿元，两年内拟上市公司的收入规模主要在 1 亿～＜100 亿元，其他非上市公司的收入规模主要在 3000 万～＜50 亿元。结果表明，虽然样本企业主要是非上市公司，与上市公司相比，风险扩散的可能性和影响程度较低。但是，样本企业中非上市公司的收入规模较大，说明企业拥有较高的市场份额或较复

杂的业务活动，这在一定程度上提高了企业产生内部风险的可能性，以及风险扩散的可能性和影响程度。

表 2 - 8 不同收入规模企业分布 2 单位：家

上市属性	收入规模								
	1000亿元以上	500亿~1000亿元	100亿~<500亿元	50亿~<100亿元	10亿~<50亿元	1亿~<10亿元	3000万~<1亿元	500万~<3000万	500万元以下
上市公司	1	1	1	8	4	0	1	1	0
两年内拟上市公司	0	0	0	12	7	8	1	3	0
其他非上市公司	3	0	1	5	9	4	9	4	0

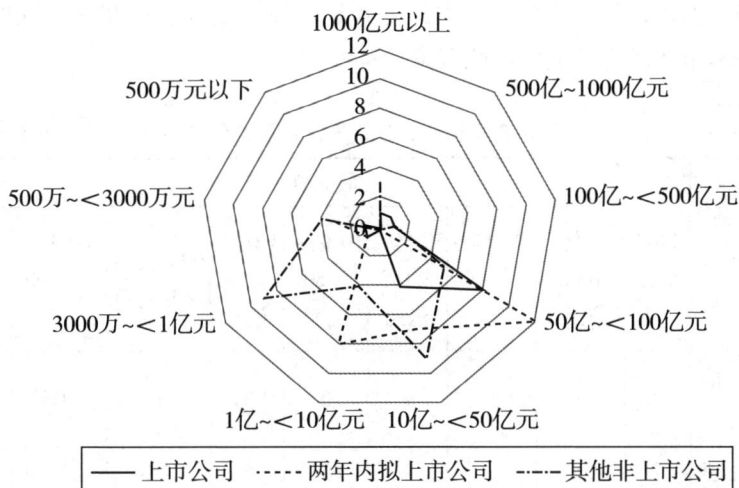

图 2 - 8　不同收入规模企业分布 2

网络依赖型企业具有互联性和共生性，网络中任何一家企业产生的内部风险都有很大可能借助网络传播蔓延，从而对所有网络企业的生存和发展产生重大影响。而调查结果显示，该类企业大多没有上市，在收入规模上却与上市公司相差较小。这样的企业特征会导致该类型企业因缺乏必要的监管、拥有广泛的资金来源而更容易产生风险。同时，产生的内部风险也更容易借助网络迅速扩散，并最终演变成全局风险，对所有企业产生重大影响。因此，国家应该重视网络依赖型企业的风险问题，一方面，加大对该类型企业的监管力度，督促企业提高风险管控能力；另一方面，鼓励符合条件的企业积极上市，通过上市融通资金，避免因资金链断裂而对整个网络中的企业产生不利影响。

最后，本书根据企业资本属性的不同将样本企业分为含国有资本企业、纯民营企业和含外资企业三类，结合分类情况对样本企业进行收入规模分析，旨在从资本属性角度对样本企业的风险控制能力做进一步了解和认识。

表2-9和图2-9显示了结合样本企业资本属性与收入规模的分布结果。由分布结果可知：含国有资本企业的收入规模主要在50亿~<100亿元，纯民营企业的收入规模主要在500万~<50亿元，含外资企业的收入规模主要在10亿~<100亿元。结果表明，总体而言，虽然样本企业主要是纯民营企业和含外资企业，与含国有资本企业相比，风险扩散的影响程度较小，但是，收入规模均较大，尤其是含外资企业，这在一定程度上提高了样本企业风险扩散的影响程度。

表2-9　　　　　　　结合资本属性与收入规模企业的分布　　　　　　单位：家

资本属性	收入规模								
	1000亿元以上	500亿~1000亿元	100亿~<500亿元	50亿~<100亿元	10亿~<50亿元	1亿~<10亿元	3000万~<1亿元	500万~<3000万元	500万元以下
含国有资本企业	0	0	1	9	2	3	1	0	0
纯民营企业	4	0	0	3	7	6	9	7	0
含外资企业	0	1	1	13	11	3	1	1	0

网络依赖型企业在国家信息化产业发展的过程中扮演着重要角色。调查结果显示，含国有资本企业虽然拥有较大的收入规模，但是数量较少，不足以对整个市场产生足够的影响。纯民营企业中虽然存在少数特大规模的企业，但是大多数企业的规模较小，同样不足以对整个市场产生足够的影响。含外资企业往往具有较大的规模，且数量较多，容易对整个市场产生影响。这种分布特点虽然有利于促进企业间的竞争，但是也提高了风险

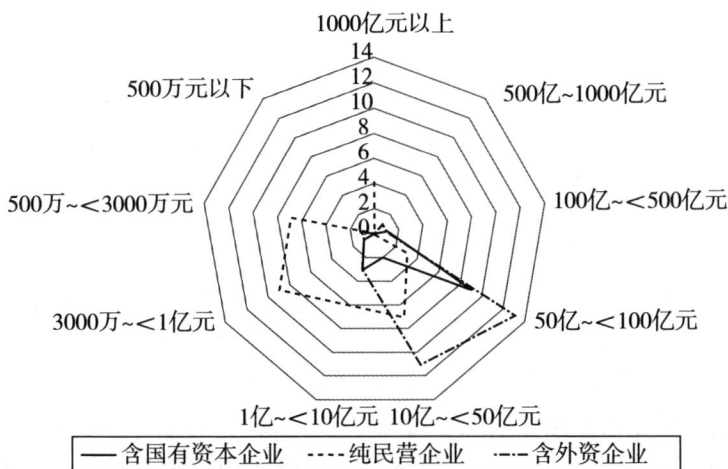

图 2-9　结合资本属性与收入规模的企业分布

扩散的可能性和影响程度。例如，外资的突然撤出会对含外资企业产生重大影响，而含外资企业又在整个网络中占据重要地位，因外资撤出导致的风险很容易通过网络波及其他企业，最终给网络中的所有企业带来灾难。因此，同之前所述，对于网络依赖型企业的风险，国家需要给予足够的重视，通过采取一定的措施来实现各类型企业分布结构合理的目的。

二、结论与建议

基于以上分析得出以下结论。第一，从企业上市属性来看，样本企业主要是非上市公司。对非上市公司进行细分后可以发现：样本企业中两年内拟上市公司与其他非上市公司的数量相近。第二，从企业所有权性质来看，样本企业主要是非国有企业。对非国有企业进行细分后可以发现：样本企业中民营企业和含外资企业（包括外资企业和中外合资企业）的数量相近。第三，从企业收入规模来看，样本企业收入规模较大，收入规模在3000万元以上的企业约占总样本的90.36%。对收入规模进行细分后可以发现：样本企业的收入规模主要集中在 10 亿 ~ < 50 亿元和 50 亿 ~ < 100 亿元这两个区间。结合上市属性对收入规模进行分析后可以发现：总体而言，上市公司的收入规模要大于非上市公司的；同时，非上市公司中两年内拟上市公司的收入规模要大于其他非上市公司的。结合资本属性对收入规模进行分析后可以发现：总体而言，含国有资本企业的收入规模要大于

其他企业的；同时，其他企业中含外资企业的收入规模要大于纯民营企业的。

通过对样本企业上市属性、所有权性质和收入规模特征进行分析后，我们对样本企业的现状有了大体了解，为后续的风险敞口识别、风险控制能力评估等有了初步认识。第一，在发生内部风险的可能性方面，样本企业主要是非上市公司、非国有企业，且收入规模较大，在风险的识别和应对方面与上市公司和国有企业存在一些差距，更容易产生内部风险。第二，在风险扩散的可能性和影响程度方面，样本企业虽然主要是非上市公司、非国有企业，但是收入规模较大，拥有一定的市场地位，当产生内部风险后较容易波及市场中的其他企业，并对它们产生一定的影响。因此，我们认为，总体而言，样本企业较可能产生内部风险，同时，当产生内部风险后风险扩散的可能性和影响程度较大，即符合网络依赖型企业风险密集度高且传播性强的特点。基于该样本数据进行网络依赖型企业风险蔓延的人机预警机制研究，有助于深入剖析网络依赖型企业风险蔓延问题的根源和影响，建立人机预警机制，控制网络依赖型企业的风险传播速度，切断传播路径，削弱影响。

第三章

企业属性特征分析

信息技术的普及与应用，尤其是网络技术和信息系统的推广，极大地提高了企业的信息共享能力及质量，优化了企业的运营能力。在我国经济迅速发展、国家信息化战略制定的大背景下，企业使用信息技术的成本下降，信息化投资增多。为了获得新技术带来的福利、满足复杂多变的市场需求，不仅新兴行业，连大量传统企业也在进行信息化建设及转型。然而，不同规模、行业及资源集中类型的企业在信息化过程中所遇到的机遇及挑战是不同的。为此，本章将对网络依赖型企业的属性进行研究，以便根据其特点进行针对性的风险识别、评价和预警机制的构建等活动。本章的第二部分将根据样本企业的问卷反馈信息，对企业员工总人数、企业所处行业以及企业所属资源集中类型的现状进行分析，以期得到关于样本企业现状的总体评价。

一、总体分析

（一）关于员工总人数的现状分析

在信息化时代，企业无论规模大小都可以享受网络带来的便利。电商企业的员工人数少则一两个人，多则几万人、十几万人，如京东、阿里巴巴等电商巨头。员工人数可用来衡量企业规模、发展后劲、应对用工荒等实力，本章对企业员工总人数进行统计主要有以下几方面考虑。

第一，不同规模的企业所面临的主要风险不同。大规模企业主要面临管理风险和规模风险。企业规模越大，管理难度越大。组织结构复杂、信息反馈渠道长使大企业的灵活性较差，不能及时对多变的市场做出反应。中小企业面临的主要是信用风险和经营风险。由于资金有限，中小企业在发生资金应用节奏变化的时候不能及时筹集到现金，可能引发信用违约；在市场需求多变的背景下，中小企业可能由于不能及时更新技术、设备而存在经营风险。

第二，不同规模企业的风险应对能力不同。相对于小规模企业，规模较大的企业的制度更加完善，抗风险能力更强。中小企业的融资能力较弱，当投资失败或者有信用风险的时候，难以及时筹集资金保障企业正常运营。中小企业受外部风险的影响较大，应对风险的经验较少，再加上内部管理制度不完善，导致其应对风险的能力较弱。

第三，不同规模的企业产生损失时对社会的影响不同。由于大型企业对国民经济、发展动力等的拉动作用巨大，所以其风险一旦显现，会对整个社会产生深远的影响。因此，大型企业更应该注重风险防范，尤其是系统性风险，因为系统性风险会借助网络大规模扩散，产生严重后果。我们需要综合评价不同规模企业的风险大小、风险承担力及风险扩散对社会造成的危害，引起企业对构建风险预警机制的重视。而且，对于网络依赖型企业来说，在应用信息系统时可能因存在的一些情况产生安全风险，比如，缺乏对员工身份的认证、员工有意破坏信息或将其泄露出去、员工未能及时备份数据造成数据丢失。因此，对企业员工的培训和管理对于网络依赖型企业的风险管理来说是至关重要的。了解企业员工总人数可以大致了解企业规模、管理难度，从而预判企业风险程度。

从表3-1可知，收回的问卷中不存在缺失值，有效值为83个。

表3-1 问卷有效值统计

对比	数值（个）
有效	83
缺失	0

根据调查结果整理为表3-2和图3-1，结果显示有37.35%的企业员工总人数在1001~5000人，大多数企业的人数在该区间，另外有25.30%的企业员工总人数在5001~10000人，有12.05%的企业员工总人数在100~500人，有9.64%的企业员工总人数在501~1000人，有8.43%的企业员工总人数在10001~30000人，有4.82%的企业员工总人数在30001~50000人，有2.41%的企业员工总人数在100人以下，并且所有被调查的企业员工总人数都在0~50000人。从图3-1中也可以看出，被调查的企业大都处于中等规模，特大规模或特小规模的企业数量都比较少，这是一个合理的企

业样本，能大体反映当前网络依赖型企业的分布格局，调查输出的结果也
更具有可信性。

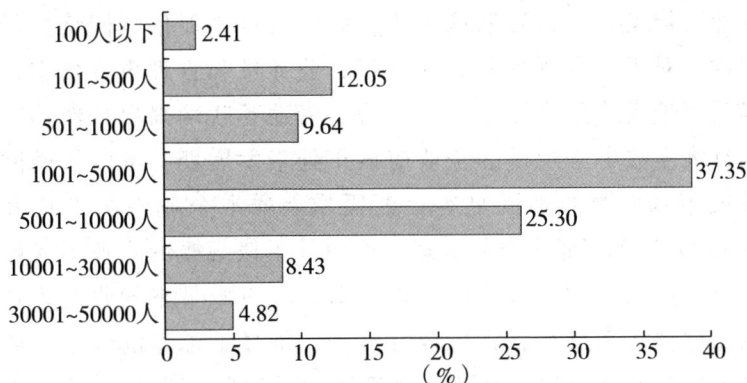

图 3-1　企业员工总人数分布

表 3-2　　　　　　　　　企业员工总人数分布

员工总人数	企业数量（家）	百分比（%）	有效百分比（%）	累计百分比（%）
50000 人以上	0	0	0	0
30001~50000 人	4	4.82	4.82	4.82
10001~30000 人	7	8.43	8.43	13.25
5001~10000 人	21	25.30	25.30	38.55
1001~5000 人	31	37.35	37.35	75.90
501~1000 人	8	9.64	9.64	85.54
100~500 人	10	12.05	12.05	97.59
100 人以下	2	2.41	2.41	100.00
总计	83	100.00	100.00	—

　　不同规模的企业对信息化投资的态度存在较大的不同，主要原因
在于，信息化的初始投资额较大，且信息系统的产出需求量决定了是
否值得或企业是否有实力进行信息化投资，对于部分中小企业而言，
可能存在市场订单量不足以支撑企业的信息化改造的问题①。而且大多

---

　　① 朱斌，杜群阳. 信息化投资、企业规模与组织绩效——基于浙江制造企业的数据
[J]. 东岳论丛，2018，39（5）：166-175，192.

数规模过小的企业比较注重实体的发展，业务主要是靠线下营销来完成的，有些企业可能没有足够的精力或者资金进行网络建设和维护，有些企业可能没有形成互联网思维，认为没有必要依赖网络进行生产经营活动。对于中等规模的企业来说，业务量和管理事务增多，靠传统的经营管理模式效率比较低下，需要借助互联网来提高经营管理效益。而且大多数中等规模的企业应该正处于发展期，可以借助网络营销来拓展市场，更好地满足客户的需求。样本企业中员工总人数在1001～5000人这个范围内的最多，说明处于该规模的企业引入网络所带来的效益提高超过了成本的增加，即边际成本带来的收益为正，员工可以通过网络来进行日常的业务处理，提高了工作的效率。信息通过网络传播的速度更快，企业管理者可以及时得到所需的信息来进行决策。因此，相对于传统企业，网络依赖型企业无论是在对外营销还是对内管理方面都存在显著的优势。如果企业的规模过大、人数过多，管理难度就会增大。由于借助网络进行日常业务处理要求员工掌握相关的知识和技能，但是如果员工过多的话，员工的工作能力和素质相差较大，很容易出现管理不当造成企业信息的泄露、误删等与网络相关的问题。而且对于这类企业来说，由于规模较大，网络化转型也比较困难，需要构建一个完整的网络体系，将各个部分有机结合为一体，并对员工进行培训，最终使各个部门能够协调合作。对于网络依赖型企业来说，如果一个环节表现出风险苗头，就可能迅速蔓延至整个网络，最后爆发系统性风险。

通过以上分析可以看出，网络依赖型企业规模差异较大，处于中等规模的企业最多。在互联网时代，传统企业要想获得竞争优势，需要进行网络化转型。在转型的过程中，不同规模的企业面临的具体问题不同，总体来说，企业需要培养员工的互联网思维，对员工进行技能培训，了解网络风险，这样才会使网络带来的成本效益最大化。

（二）关于企业所处行业的现状分析

按行业分析是穿透性比较与横向比较的先导，为了透视网络依赖型企业在本行业及跨行业的环境性影响，特在问卷中增加此项。行业是企业经营所处的主要环境，不同行业的企业之间具有明显的区别，行业的不同会对企业的网络依赖程度有较大的影响，从而影响企业所面临的风险种类。例如，传统的加工制造业企业相对于电商企业来讲，网络依赖程度较低，面临的 IT 风险也会相对较少。由于企业可能涉及多个行业，因此将本题设计为多选题。以往有学者针对多元化经营对风险的影响进行研究，大多数学者认为，多元化经营会提高企业的市场风险，但是会降低经营风险。下文将对此做一个补充，分别对金融、电商等行业的企业进行分析。

金融类企业：金融类企业的最大特点是需要取得金融业务许可证。该类企业一般包括以下几类：一是执业需取得银行业务许可证的政策性银行、邮政储蓄银行、国有商业银行、股份制商业银行、信托投资公司、金融资产管理公司、金融租赁公司和某些财务公司等；二是执业需取得证券业务许可证的证券公司、期货公司和基金管理公司等；三是执业需取得银保监会颁发的保险业务许可证的各类保险公司及其他类金融企业等。金融类企业在国家经济运行中发挥着举足轻重的作用，在资金调剂、资源调配、资金融通、经济态势反映、支持实体经济、提供估值信息等方面也发挥着巨大作用。同时，金融业也是容易出现系统风险的行业，历来被国家监管部门高度关注。本章将其列为第一个分析对象，也是出于这方面的考虑。

现代农业类企业：随着互联网的发展，现代农业借助网络进行发展的趋势愈加明显。现代农业是在现代工业和现代科学技术融入传统农业的基础上发展起来的，其主要特征是广泛地运用现代科学技术，从原有的"靠天吃饭，看自然的'脸色'"变为主动利用和改造自然环境，将信息、遥感、遥测、分析、智能、可视化等技术应用于其中，由自然经济变为高度发达的信息化商品经济、智能化农业经济、大数据化服务型经济，逐渐融入企业经济类型中。

电商类企业：指在互联网（包括内部网和外部网等）环境下以电子交易方式进行的交易活动和相关服务活动，是传统商业活动各环节的电子化。随着互联网的发展，电商类企业的发展势头迅猛，据 IDC 统计，中国 2023 年的 GDP 中可能有超过七成份额源于电商企业或相关领域。

服务类企业：这里主要是指财经、法律咨询类服务业的企业。其他行业类型还包括教育类服务业、医疗类服务业、科技类服务业、信息科技类行业等。具体数据如表 3 - 3 和图 3 - 2 所示。

表3-3   样本企业行业分布

所处行业	响应个案数（个）	百分比（%）
加工制造业	10	6.90
金融类行业	8	5.52
现代农业	2	1.38
电商行业	11	7.59
财经、法律咨询类服务业	2	1.38
教育类服务业	7	4.83
医疗类服务业	2	1.38
科技类服务业	29	20.00
软硬件开发类行业	29	20.00
信息科技类行业	42	28.97
其他高科技类行业	2	1.38
其他类行业	1	0.69
总计	145	100.02

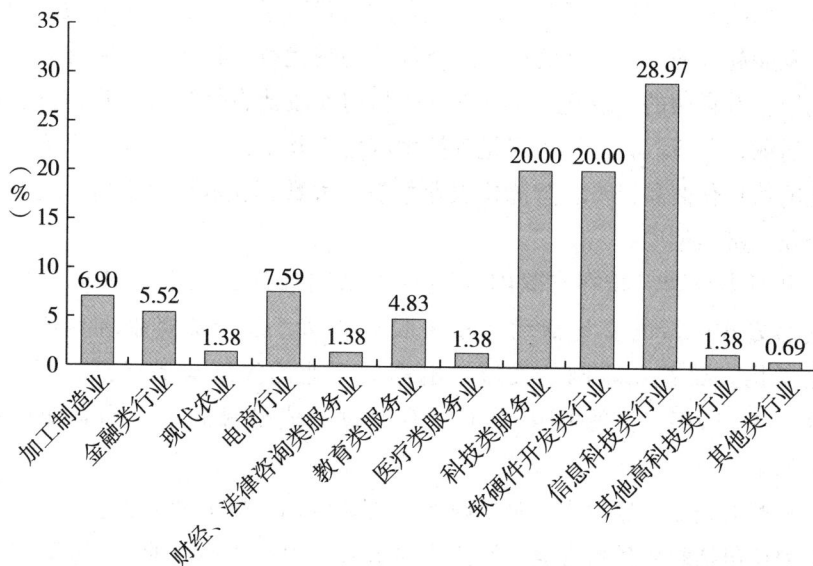

图3-2 样本企业行业分布

从表 3 - 4 可知，该题中不存在缺失项，有效值均为 83。

表 3 - 4 关于所处行业有效值统计 单位：个

所处行业	加工制造业	金融类行业	现代农业	电商行业	财经、法律咨询类服务业	教育类服务业	医疗类服务业	科技类服务业	软硬件开发类行业	信息科技类行业	其他高科技类行业	其他类行业
有效	83	83	83	83	83	83	83	83	83	83	83	83
缺失	0	0	0	0	0	0	0	0	0	0	0	0

从表 3 - 3、图 3 - 2 中的数据可以看出，由于本问题的多选性，反馈回来的响应个案数为 145，远大于被调查企业的个数 83，因此可以看出，有的行业涉足多个行业。从表 3 - 3 中可以看出，大多数被调查企业属于信息科技类行业，约占 50.60%；其次是科技类服务业和软硬件开发类行业企业，均约占 34.94%。在被调查企业中，电商行业企业约占 13.25%，加工制造业企业约占 12.05%，金融类行业企业约占 9.64%，教育类服务业企业约占 8.43%，其余行业的企业占比均小于 3%。由于信息科技类行业与电商行业本身就与互联网密不可分，根据行业特性也可以推出它们的网络依赖程度是极高的。因此，调查问卷中大多数属于信息科技类企业和新兴的电商企业，这个现象是正常的。从表 3 - 3 中可以看出，现代农业，财经、法律咨询类服务业，医疗类服务业这些行业中的网络依赖型企业占比不大。可能对于服务业来说，线下的服务咨询更加受欢迎；另外，此类企业借助网络发展的空间不可限量。

为了验证不同行业之间的企业数量差异是否具有统计学意义，本章尝试进行卡方拟合优度检验，输出结果如表 3 - 5 与表 3 - 6 所示。p 值小于 1%，说明不同行业的企业数量分布呈现显著不一致性。科技类服务业、软硬件开发类行业、信息科技类行业的残差大于零，其余行业的残差都小于零，说明在被调查的网络依赖型企业中，科技类服务业、软硬件开发类行业、信息科技类行业这三类的企业是偏多的。

表 3 – 5   行业分布

题项（栏目）	实测个案数（个）	期望个案数（个）	残差
加工制造业	10	12.1	-2.1
金融类行业	8	12.1	-4.1
现代农业	2	12.1	-10.1
电商行业	11	12.1	-1.1
财经、法律咨询类服务业	2	12.1	-10.1
教育类服务业	7	12.1	-5.1
医疗类服务业	2	12.1	-10.1
科技类服务业	29	12.1	16.9
软硬件开发类行业	29	12.1	16.9
信息科技类行业	42	12.1	29.9
其他高科技类行业	2	12.1	-10.1
其他类行业	1	12.1	-11.1
总计	145	—	—

表 3 – 6   检验统计 1

检验统计量	行业
卡方	169.234^a
自由度	11
渐近显著性	0.000

下面对每个企业所涉及的行业数量进行统计计算，得出图 3 – 3。从饼图中可以看出，有 54.20% 的企业只涉及 1 个行业，占比最多，有 25.30% 的企业的经营涉及 2 个行业，有 15.70% 的企业的经营涉及 3 个行业，有 3.60% 的企业涉足 5 个行业，涉及 4 个行业的企业所占比例最小，为 1.20%。从数据中可以看出，虽然多元化发展是趋势，但是大部分网络依赖型企业还是只在一个领域发展。

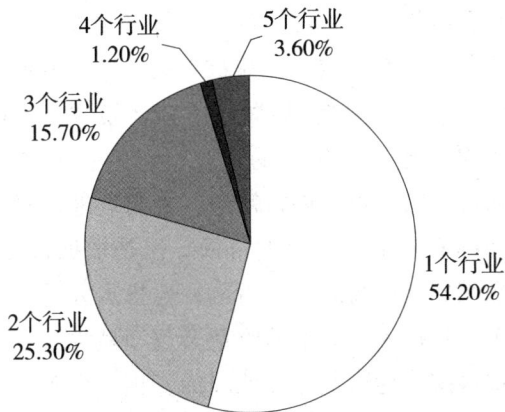

图 3 - 3　每个企业所涉及的行业数量统计情况

图 3 - 4 是每个企业所涉及行业数量的直方图。从中可以看出，样本企业所涉及行业数量的平均值为 1.75，标准差为 1.01，即样本企业在多元化经营上比较聚焦主业，适度跨行业发展，但跨度不大，在 1 个至 3 个之间，这有利于集中识别风险敞口和管控风险后果，为后面构建人机管控机制提供了具体的环境信息。

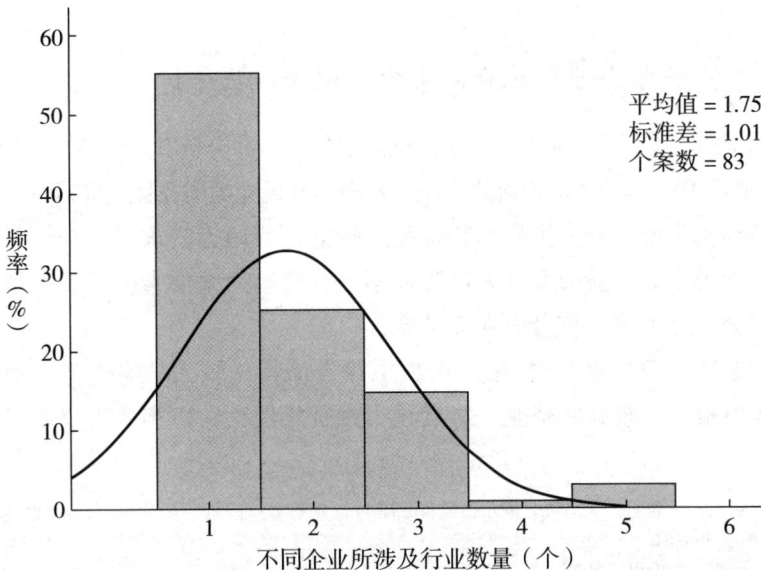

图 3 - 4　不同企业所涉及行业数量的直方图

通过上述分析可知，网络依赖型企业中，科技类服务业企业、软硬件开发类企业、信息科技类企业是偏多的，大部分企业只涉及1个行业。在传统行业中，网络依赖型企业较少，应该引起企业对互联网的重视，利用"互联网＋"思维，在原有基础上拓展新的营运模式。企业单一化经营和多元化经营各有利弊。单一化经营的企业可以将资源集中投在主营业务上，聚焦主业、精准施策、不断创新精进，能高效地培育核心竞争力，从而牢牢占据该行业的有利地位和较大份额。但是根据边际效用递减规律，企业如果在某一领域拥有很高的市场份额，再投入大量资源就很难有较大的突破，即每一单位的投入所带来的收益会逐渐减少直至为零，再继续投入甚至会进入亏损区间。为避免这种状况的发生，很多企业会选择多元化发展模式，即适度跨界至其他行业，依靠资金优势、渠道优势、营销优势等实现多元化经营。当然，从另一个角度看，多元化经营的企业需要将大量的人力、物力、财力投入不熟悉的领域，这样会放缓主营业务创新的步伐，同时会导致现金流趋紧，财务风险上升①；同时，多元化经营能够有效降低企业经营风险，起到平稳均衡收益的作用②。多元化经营还可以形成内部资本市场，从而节约投融资时的信息搜索成本，降低投资风险并缓解外部融资约束，这提高了企业面对不确定外部环境的能力③。

（三）关于企业所属资源集中类型的现状分析

从资源集中型维度来考察企业的网络依赖度，并分析其风险特点和治理属性是基础工作，因为不同资源集中型企业面临的风险类型和程度也不同。

劳动密集型企业：指技术装备程度较低、劳动力需求量比较大的工业企业。此类企业一般会面临人员管理不当、劳动力素质参差不齐、组织混乱、安全管理失控、信息泄露等风险。

资金密集型企业④：指单位产出中投资消耗比较大、物化劳动消耗大或资金有机构成较高的企业。特点是：投资规模大，占用各类资金多，技

---

① 杨军，赵继新，李宇航．多元化经营战略对企业财务风险的影响研究［J］．财会通讯，2020（14）：78－81.

② 卢闯，刘俊勇，孙健，等．控股股东掏空动机与多元化的盈余波动效应［J］．南开管理评论，2011，14（5）：68－73.

③ 张俊瑞，孟祥展，白雪莲．多元化经营与盈余持续性的关系研究［J］．西安交通大学学报（社会科学版），2016，36（6）：25－33.

④ 徐汉文，沙良永．简明商务知识［M］．上海：上海财经大学出版社，2013.

术装备现代化程度高，容纳劳动力相对较少，劳动生产率高。如航空、钢铁冶炼、机械制造、汽车制造、石油化工、电力等行业均属于资金密集型行业。该类型行业占用资金较多，可能会面临资金不足、收益低下、设备更新不及时等风险。

技术密集型企业[1]：指技术含量较高的企业。如技术装备程度比较高，所需劳动力或手工操作的投入人数比较少，产品中技术含量占比较大的企业。这种企业始终注重研发投入、人才培养，在企业文化中将技术、人才等放在重要位置，深知商标权、著作权、专利权等各种知识产权对企业生产、发展的关键作用。此类企业的风险特点是过多依赖新技术、新知识，一旦遭遇泄密、黑客入侵、知识产权纠纷等，往往损失惨重，甚至影响企业战略的实现和可持续性。

知识密集型企业：指靠各类具有核心竞争力的知识打败竞争对手或立于不败之地的企业。此类企业建立在现代科学技术基础上，拥有高、精、尖的知识产品，集中大量人才，对知识进行收集、存储、创造、利用、传播，或者建立知识管理系统，同时拥有先进的技术设备。在该类型企业中，人才占大多数，利用知识的输出创造企业价值，表现出极强的个性化、自主性、挑战性和创新性，企业更多的价值体现在这些人才身上，因此可能会存在人才流失、知识管理无效等风险。中美贸易争端中，关于知识产权的争端非常激烈，原因之一就是对知识产权的保护是知识密集型企业发展的命脉，谁拥有知识，谁就拥有未来。

从表3-7中可以看出，该题的回答中不存在缺失值，有效值为83个。

表3-7　　　　关于企业所属资源集中类型有效值统计　　　　单位：个

企业所属的资源集中类型	劳动密集型	资金密集型	技术密集型	知识密集型	都不是	不清楚
有效	83	83	83	83	83	83
缺失	0	0	0	0	0	0

---

[1]　熊小霞，邵询，李雪霞，等.企业经营管理实务［M］.北京：清华大学出版社，2013.

对该题的回答情况进行统计分析，发现响应个案数为184个，远远大于被调查企业个数83，说明有的企业属于多种资源集中类型。从表3-8和图3-5中可以看出，有91.57%的调查对象认为自己所在的企业属于技术密集型企业，有80.72%的调查对象认为所在企业属于知识密集型企业，有36.14%的调查对象认为所在企业属于资金密集型企业，有12.05%的调查对象认为所在企业属于劳动密集型企业，有1.20%的调查对象认为所在企业不属于所列示的资源集中类型，没有调查对象不清楚所在企业的资源集中类型。由于网络依赖型企业的经营活动或产值有50%以上的份额需要借助互联网来实现，因此需要拥有先进的信息技术设备和知识，才能更好地对互联网加以运用。所以对于大多数网络依赖型企业来说，技术和知识占比是非常大的，因此本调查问卷中的被调查企业大部分属于技术密集型和知识密集型。

表3-8　　　　　　　　企业所属的资源集中类型统计情况

资源集中类型	响应个案数（个）	百分比（%）	个案百分比（%）
劳动密集型	10	5.43	12.05
资金密集型	30	16.31	36.14
技术密集型	76	41.31	91.57
知识密集型	67	36.41	80.72
都不是	1	0.54	1.20
不清楚	0	0	0
总计	184	100.00	221.68

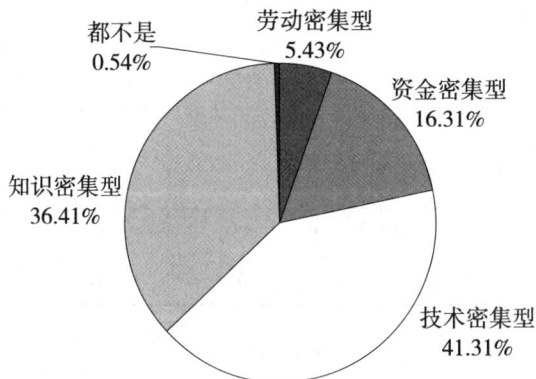

图3-5　企业所属资源集中类型及占比

为了验证不同资源集中类型的企业数量差异是否具有统计学意义，本章进一步进行卡方拟合优度检验（见表3－9与表3－10）。p值小于1%，说明不同资源集中类型的企业数量分布是显著不一致的。技术密集型和知识密集型的残差大于零，说明在被调查的网络依赖型企业中，属于技术密集型和知识密集型的偏多。

表3－9　　　　　　　　　企业所属的资源集中类型的进一步分析

资源集中类型	实测个案数（个）	期望个案数（个）	残差
劳动密集型	10	36.8	－26.8
资金密集型	30	36.8	－6.8
技术密集型	76	36.8	39.2
知识密集型	67	36.8	30.2
都不是	1	36.8	－35.8
总计	184	—	—

表3－10　　　　　　　　　检验统计2

检验统计量	资源集中类型
卡方	122.141[a]
自由度	4
渐近显著性	0.000

下面统计被调查企业所属的资源集中类型的个数，得出图3－6。从中可以看出，有44家企业所属的资源集中类型为2种，有25家企业所属的资源集中类型为3种，有12家企业所属的资源集中类型只有1种，有2家企业所属的资源集中类型为4种。总和等于83，说明不存在调查对象不清楚企业属于何种资源集中类型或者企业不属于所列的任何一种的情形。但是在表3－8中，有一家企业的选项为"都不是"，两者的分析相矛盾。因此，可以推测出有1家企业既选择了资源集中类型（前四个选项），又选择了"都不是"，该数据具有争议。回到调查问卷的原始数据中，发现问卷企业21的调查对象在回答问卷时既选择了"知识密集型"，又选择了"不清楚"，因此做剔除处理。

图3－7是企业所属资源集中类型的数目直方图，可以看出，样本企业所属资源集中类型数据的平均值为2.2，标准差为0.712。四种资源密集型企业的特点各不相同，因此对网络依赖型企业的分布也有一定的影响。资

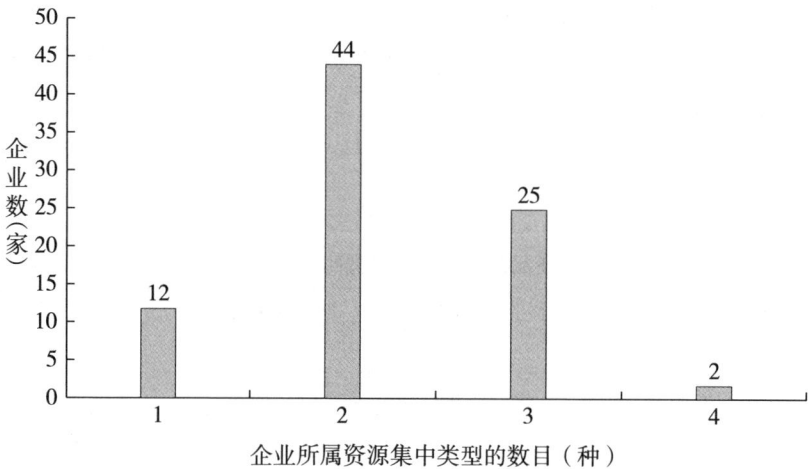

图 3－6　企业所属资源集中类型的数目分布

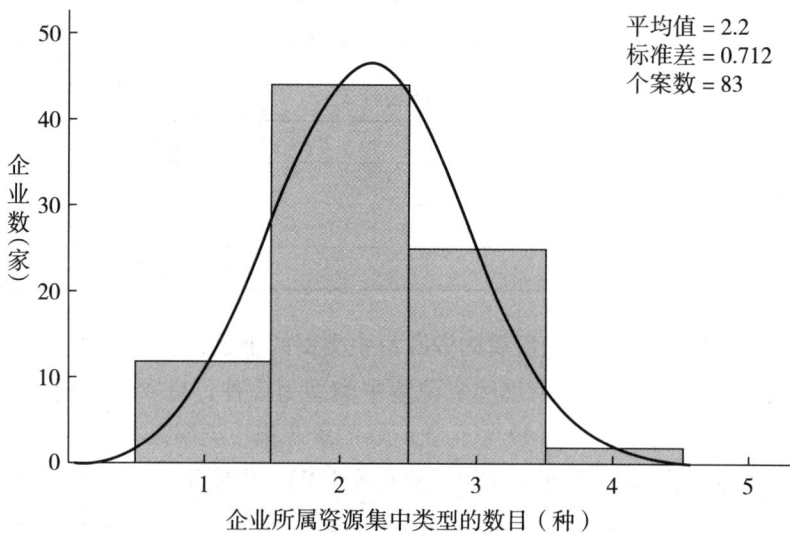

图 3－7　企业所属资源集中类型的数目直方图

源集中类型数目的众数为 2，平均数为 2.2，说明大多数企业所属的资源集中类型为 2 种。这是因为网络依赖型企业需要进行网络建设，必须依靠技术和技能，因此大部分企业属于技术密集型或知识密集型企业。网络依赖型企业的大部分产值需要借助互联网来实现，因此对简单劳动力的使用就会减少。而劳动密集型企业的特点是技术装备程度较低，生产经营更多地依靠劳动力，所以在被调查企业中劳动密集型企业最少。而资金密集型企业有占用资金多、现代化技术装备程度高等特点，也比较符合网络依赖型企业的特点，因此数量高于劳动密集型企业。随着新技术的发展和国家的积极引导，会有越来越多的企业摆脱对简单劳动力的依赖，用机器从事大量简单、重复、危险性高的工作，这样不仅能够提高效率，还可以使雇员更多地从事复杂脑力劳动或者决策工作，更好地实现个人的价值。因此，劳动密集型企业会越来越少，技术、知识将占据越来越重要的位置。

通过以上的分析可以看出，在网络依赖型企业中，技术密集型企业和知识密集型企业占比大，因为企业员工需要掌握一定的信息技术知识和技能才能更好地运用互联网进行日常工作，而且这些企业需要进行网络化建设。网络依赖型企业能够跟上时代的趋势，率先在经营中引入互联网，因而它们大多数都具有创新性和竞争优势，但是在享受互联网带来的便利的同时，也要时刻关注随之而来的风险，包括因资源密集而带来的管理难题、管理瓶颈等，还要注意不同资源密集型企业如何进行互联网的建设与管理才能实现最大效能。

二、交叉分析

（一）企业员工总人数与企业所处行业的交叉分析

从表 3 – 11 中可以看出：①有 10 家企业为加工制造业企业，其中企业员工总人数是 1001～5000 人的有 6 家，10001～30000 人的有 2 家，100～500 人及 5001～10000 人的均有 1 家，说明在被调查的加工制造业企业中，中小规模的企业较多；②有 8 家企业为金融类行业企业，其中 100～500 人的有 4 家，1001～5000 人的有 2 家，501～1000 人及 5001～10000 人的均有 1 家，说明在被调查的金融类行业企业中，中小规模的企业较多；③有 2 家为现代农业企业，其中 5001～10000 人及 1001～5000 人的均有 1 家；④有 11 家为电商行业企业，其中企业员工总人数为 5001～10000 人的有 4 家，501～1000 人及 1001～5000 人的均有 2 家，100 人以下、10001～30000 人及 30001～50000 人的均有 1 家，说明在被调查的电商行业企业中，大中型企业较多；⑤有 2 家企业为财经、法律咨询类服务业企业，企业员工总人数分别为 501～1000 人和 1001～5000 人；⑥有 7 家为教育类服务业企业，其中企业员工总人数为 1001～5000 人的有 3 家，100～500 人及 501～1000 人的均有 2 家；⑦有 2 家为医疗类服务业企业，企业员工总人数分别为 100 人以下和 1001～5000 人；⑧有 29 家为科技类服务业企业，其中企业员工总人数为 1001～5000 人的有 11 家，5001～10000 人的有 10 家，501～1000 人的有 4 家，10001～30000 人的有 2 家，100～500 人及 30001～50000 人的均有 1 家，说明在科技类服务业企业中，大中型企业较多；⑨有 29 家为软硬件开发类行业企业，其中 1001～5000 人的有 14 家，5001～10000 人的有 8 家，501～1000 人的有 5 家，100～500 人及 10001～30000 人的均为 1 家，说明在软硬件开发类行业企业中，大中型企业较多；⑩有 42 家为信息科技类行业企业，其中 1001～5000 人的有 17 家，5001～10000 人的有 12 家，501～1000 人及 10001～30000 人的均有 4 家，100～500 人的有 3 家，30001～50000 人的有 2 家，说明在信息科技类行业企业中，大中型企业偏多；⑪有 2 家为其他高科技类行业企业，其中 1001～5000 人及 5001～10000 人的均有 1 家；⑫有 1 家为其他类行业企业，企业员工总人数为 1001～5000 人。

表 3－11　　　企业员工总人数与企业所处行业交叉数据

项目指标		企业员工总人数（区间下限不含本数）							总计
		30001～50000 人	10001～30000 人	5001～10000 人	1001～5000 人	501～1000 人	100～500 人	100 人以下	
所处行业	加工制造业 计数	0	2	1	6	0	1	0	10
	金融类行业 计数	0	0	1	2	1	4	0	8
	现代农业 计数	0	0	1	1	0	0	0	2
	电商行业 计数	1	1	4	2	2	0	1	11
	财经、法律咨询类服务业 计数	0	0	0	1	1	0	0	2
	教育类服务业 计数	0	0	0	3	2	2	0	7
	医疗类服务业 计数	0	0	0	1	0	0	1	2
	科技类服务业 计数	1	2	10	11	4	1	0	29
	软硬件开发类行业 计数	0	1	8	14	5	1	0	29
	信息科技类行业 计数	2	4	12	17	4	3	0	42
	其他高科技类行业 计数	0	0	1	1	0	0	0	2
	其他类行业 计数	0	0	0	1	0	0	0	1
总计	计数	4	7	21	31	8	10	2	83

　　图 3 - 8 中的横轴表示企业所处行业，纵轴表示在某行业下各企业员工总人数范围内的企业数与该行业下所有企业数之比。从图中可以直观地看出，企业员工总人数为 30001～50000 人的企业总体较少，在电商行业中占比最高；10001～30000 人的企业在加工制造业中占比最高；5001～10000 人的企业在现代农业和其他高科技类行业中占比较高；1001～5000 人的企业在其他类行业中占比最高；501～1000 人的企业在财经、法律咨询类服务业中占比最高；100～500 人的企业在金融类行业中占比最高；100 人以下的企业在医疗类服务业中占比最高。

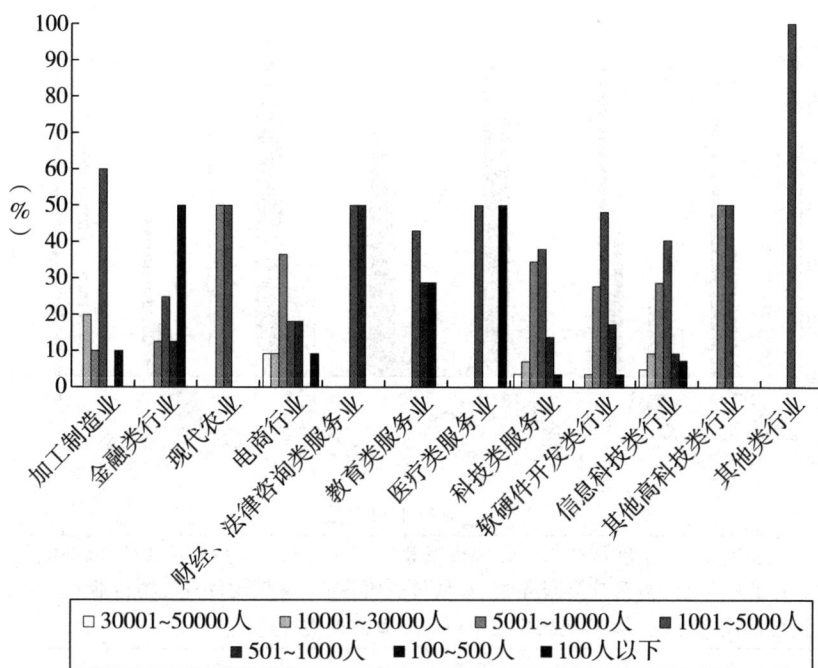

图 3 - 8　企业员工总人数与企业所处行业交叉分析

　　图 3 - 9 中横轴表示企业员工总人数，纵轴表示某企业员工总人数范围内各个行业的企业数与该企业员工总人数范围内的总企业数之比。从图中可以看出，除了企业员工总人数为 501～1000 人的企业中软硬件开发类行业企业最多、100～500 人的企业中金融类行业企业占比最高及 100 人以下的企业中只有电商行业企业和医疗类服务业企业外，其余规模的企业中，信息科技类行业企业都是占比最高的。加工制造业企业在各个规模中占比均不高，与其他人员规模相比，在 10001～30000 人的企业中最高；金融类

企业在 100～500 人的企业中占比最高；电商行业企业在 100 人以下的企业中占比最高；财经、法律咨询类服务业企业在 501～1000 人的企业中占比最高；教育类服务业企业在 501～1000 人的企业中占比最高；科技类服务业企业在 501～1000 人的企业中占比最高；软硬件开发类行业企业在 501～1000 人的企业中占比最高；信息科技类行业企业在 10001～30000 人的企业中占比最高。因此，在构建预警机制时要重点考虑信息科技类行业和中等规模的企业所固有的特征与风险。

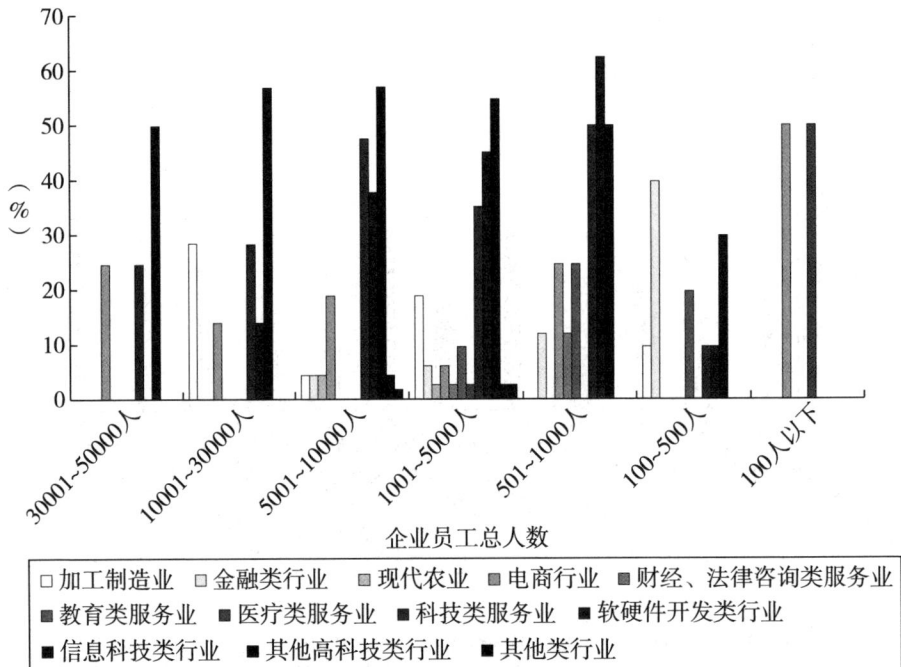

图 3－9　企业所处行业与企业员工总人数交叉分析

（二）企业员工总人数与企业所属资源集中类型的交叉分析

从表 3－11、表 3－12 中可以看出：企业员工总人数在 30001～50000 人的企业有 4 家，其中劳动密集型的企业有 1 家，知识密集型和技术密集型的企业均有 3 家；10001～30000 人的企业有 7 家，其中资金密集型的企业有 3 家，技术密集型的企业有 7 家，知识密集型的企业有 4 家；5001～10000 人的企业有 21 家，其中劳动密集型的企业有 4 家，资金密集型的企业有 7 家，技术密集型的企业有 20 家，知识密集型的企业有 17 家；1001～5000 人的企业有 31 家，其中劳动密集型的企业有 4 家，资金密集型的企业有 12 家，技术密集型的企业有 30 家，知识密集型的企业有 27 家；501～1000 人的企业有 8 家，其中劳动密集型和资金密集型的企业均为 1 家，技术密集型和知识密集型的企业都有 8 家；100～500 人的企业有 10 家，其中资金密集型、技术密集型、知识密集型的企业均有 7 家；100 人以下的企业有 2 家，分别是技术密集型企业和知识密集型企业。

表 3 – 12　　　企业员工总人数与企业所属资源集中类型交叉数据　　　单位：家

项目指标			企业所属资源集中类型				
			劳动密集型	资金密集型	技术密集型	知识密集型	都不是
企业员工总人数	30001～50000 人	计数	1	0	3	3	0
	10001～30000 人	计数	0	3	7	4	0
	5001～10000 人	计数	4	7	20	17	0
	1001～5000 人	计数	4	12	30	27	0
	501～1000 人	计数	1	1	8	8	0
	100～500 人	计数	0	7	7	7	0
	100 人以下	计数	0	0	1	1	1
总计		计数	10	30	76	67	1

图 3 – 10 中的横轴表示企业员工总人数，纵轴表示某企业员工总人数范围内每个资源集中类型的企业数占该企业员工总人数范围内总企业数的百分比。从图中可以直观地看出，在所有的企业员工总人数范围内，技术密集型企业都较多，占比最少的大部分是劳动密集型企业，说明在很多网络依赖型企业的经营过程中，劳动不再是主要的生产要素。劳动密集型企业在 30001～50000 人的企业中是占比最高的，资金密集型企业在 100～500 人的企业中是占比最高的，技术密集型企业在 10001～30000 人及 501～1000 人的企业中是占比最高的，知识密集型企业在 501～1000 人的企业中是占比最高的。从图中我们也可以发现，在 501～30000 人的企业中，技术密集型企业均接近 100%，因此在分析网络依赖型企业风险的时候应该重点考虑技术密集型企业所面临的风险类型及其防范措施，尤其是技术密集型企业所特有的风险。

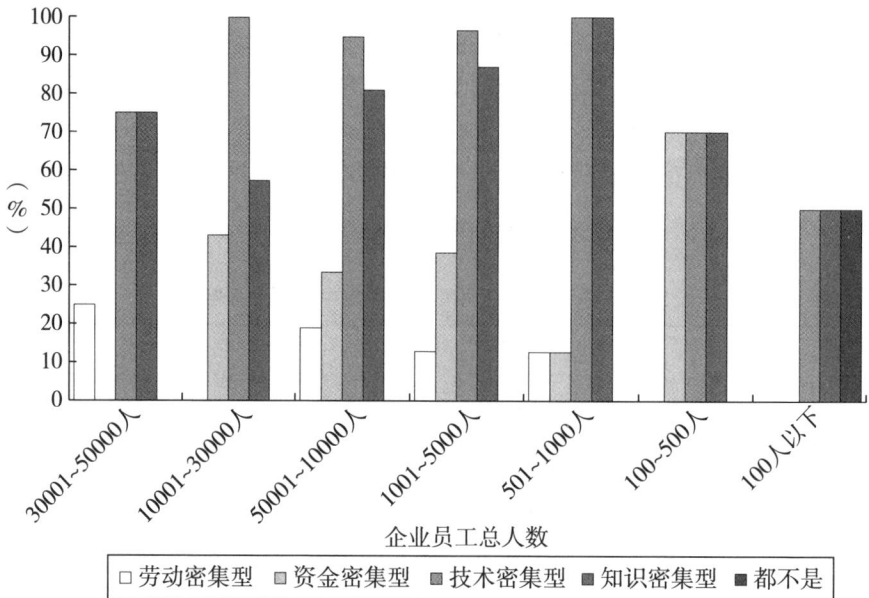

图 3 - 10　企业所属资源集中类型与企业员工总人数交叉分析

图 3 - 11 中的横轴表示的是企业所属资源集中类型，纵轴表示的是某资源集中类型下各个企业员工总人数范围内的企业数与该资源集中类型下企业总数的比值。从图中可以直观地看出，除了"都不是"选项，其他资源集中类型中，1001~5000 人的企业占比相同，且占比最高，其次是 5001~10000 人的企业，表明被调查的企业大多数处于大中型规模。与其他资源集中类型相比，30001~50000 人的企业在劳动密集型企业中占比最高，10001~30000 人的企业在资金密集型企业中占比最高，5001~10000 人的企业在劳动密集型企业中占比最高，1001~5000 人的企业在四种资源密集型企业中占比均很高，501~1000 人的企业在知识密集型企业中占比最高，100~500 人的企业在资金密集型企业中占比最高，100 人以下的企业在知识密集型企业中占比最高。从图中可以看出，1001~5000 人的企业在四种资源密集型行业中均占比 40% 左右，因此在进行风险分析时要考虑这个范围内的员工人数会使企业产生哪些管理、安全、效率上的风险，在构建风险预警机制时也要将企业规模的影响纳入重点考察范围。

由于不同的资源集中类型中企业员工总人数不同的企业所占比例是不同的，为了研究该差异是否存在统计学意义，我们通过交叉表卡方进行检

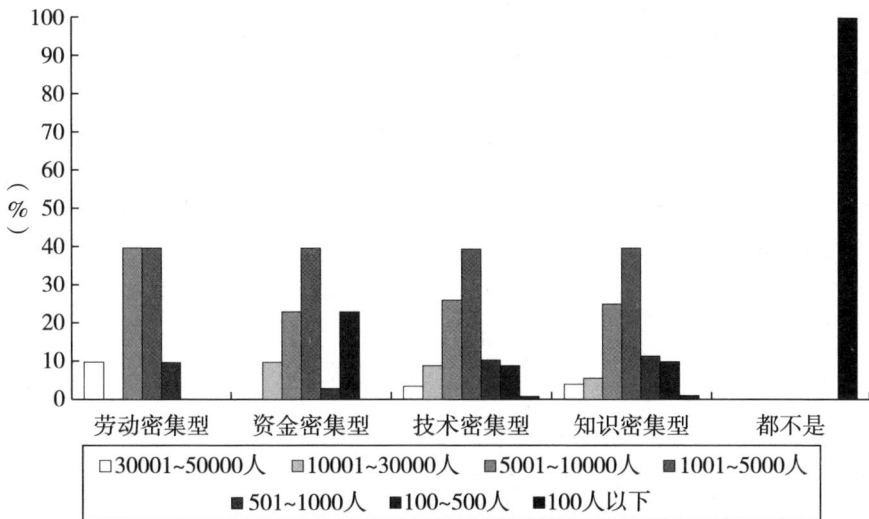

图 3 - 11　企业员工总人数与企业所属资源集中类型交叉分析

验（见表 3 - 13）。

表 3 - 13　　　　　　　　　　卡方检验

统计（指标）	值	自由度	渐进显著性（双侧）
皮尔逊卡方	72.497^a	24	0.000
似然比	23.224	24	0.507
有效个案数（个）	184		

注：最小期望计数为 0.02。

由于 p 值小于 1%，所以可以得出结论：所属资源集中类型的不同会导致企业员工总人数的不同。劳动密集型企业的特点是劳动力需求量大，因此相比于其他规模的企业，劳动密集型企业在 30001 ~ 50000 人的企业中所占比例是最大的（相比于其他资源集中类型，30001 ~ 50000 人的企业在劳动密集型企业中是占比最大的）。资金密集型企业的特点是投资大，占用资金多，财务风险敞口大，现代化技术装备程度高，一般劳动力相对少，但是对于现代化机器设备的研发、使用或者决策等机器不能替代的活动来说，还是需要一定数量的员工才能保障企业正常运转。所以资金密集型企业都处于中等规模，没有处于 100 人以下或 30001 ~ 50000 人的。技术密集型企业掌握大量的技术、注重创新，简单劳动力较少。由于技术创新会涉及网络的使用或者高新技术产品的设计、生产，与网络依赖型企业存在高契合度，因此样本中大多数企业属于技术密集型企业。而我国技术密集型企业的发展水平及速度参差不齐，因此在各个规模中都占有很大的比例，企业员工人数涉及所有的范围。知识密集型企业中有大量的知识型员工，他们依靠自身掌握的知识及高科技进行生产、创新。在网络依赖型企业中知识密集型企业也较多。

第四章

网络依赖度多维分析

在探讨网络依赖型企业的风险暴露和治理机制之前，还需要了解其对现代网络（包括互联网、局域网等）的依赖程度，或者说网络工具或手段对企业业务开展、管理活动、研发投资等的支持程度。本章设计了关于此项的调查问卷，以此了解企业对网络的依赖程度，再有针对性地分析企业所面临的风险特点。众所周知，现代信息网络系统本身具有较高的脆弱性，不仅表现为许多内部风险，还会受到外部不确定性的影响，因此企业需要投入资金来对网络进行维护，以保障生产经营活动的正常进行。企业可以通过各种措施来降低非系统性风险，但是系统性风险是不可避免的，或者是无法通过局部措施来消灭的。新冠疫情的暴发严重影响了人们的正常生产生活。停工、停产、居家隔离等防疫措施使经济受到了严重的影响，网络依赖型企业也不可避免地受到了新冠疫情的影响。但是互联网在疫情防控期间发挥了其独特的作用，比如线上学习、视频会议、网络咨询、线上物流体系的运用等，所以虽然有部分企业的效益受到了影响，但也有不少企业从中受益。为了深入了解这其中的原因、程度和后果，需要分析样本企业对互联网的依赖程度、企业网络维护人员薪资、企业受疫情影响程度等内容。

一、企业互联网依赖程度分析

随着信息技术的发展，互联网逐渐普及。企业可以利用互联网进行信息传播，使信息需求者及时获取有关信息。同时，网络营销也成为企业拓展业务的一种方式，企业可以摆脱地域的限制，对身处全国各地的网络用户进行产品销售。而且，企业还可以在网站上投放广告，相比于传统的广告投放，互联网使企业的广告投入更多样化。由于有些企业的生产经营活动需要依靠互联网才能顺利进行，因此便对互联网产生了依赖。对企业的互联网依赖程度进行分析，主要有以下几点考虑。

第一，互联网依赖程度不同的企业所面临的网络风险程度不同。对网络依赖的程度越高，企业受 IT 风险的影响越大。比如，当网络受到黑客攻击后，若企业的生产、销售、研发等私密信息都存储在系统中，那么企业将面临巨大的损失，甚至遭受致命打击。而且，网络依赖型企业与外部联结得越紧密，开放性越强，更容易受到外部输入型风险的影响，因此仅仅通过内部控制不足以把风险降低到企业可接受的水平，企业应该多关注外部风险的影响。

第二，互联网依赖程度不同的企业对网络构建的完善程度不同。网络依赖程度较高的企业由于面临巨大的安全风险、操作风险等，会格外注重风险的防范。如果企业的网络依赖程度较高，那么企业就会构建比较完善、系统的网络结构及风险防范机制，如对员工进行培训，减小操作风险，对系统进行检查、维护，降低安全风险……

第三，不同网络依赖程度的企业所产生的风险对社会的影响程度不同。企业在经营过程中会从网络上收集大量的信息，然后根据这些信息确定营销方式、客户需求等。但是，如果获取的是虚假信息，企业将遭受损失。由于网络上的信息缺乏有效的核准，虚假消息会迅速扩散，影响经济的发展。而且，互联网使供应链上下游的企业联结在一起，虽然有利于减少信息不对称，加快信息传播速度，但是信用风险、金融风险等也会随之产生，造成社会恐慌，因此，网络引发的系统性风险会对整个社会的稳定和经济发展产生负面影响。对网络依赖程度越高的企业，所产生的风险对社会的影响越大。

网络依赖型企业的互联网依赖程度是指企业需要借助互联网来实现的经营活动或产值份额的所占比例。如表 4 - 1、图 4 - 1 所示，由于问卷是对网络依赖型企业进行的调查，因此每家企业的互联网依赖程度均在 50%以上。

表 4 - 1　　　　　　　　　　互联网依赖程度分布

互联网依赖程度	企业数量（家）	百分比（%）
90%以上	42	50.60
80%～90%	22	26.51

续表

互联网依赖程度	企业数量（家）	百分比（%）
70% ~ <80%	6	7.23
60% ~ <70%	10	12.05
50% ~ <60%	3	3.61
50%以下	0	0
总计	83	100.00

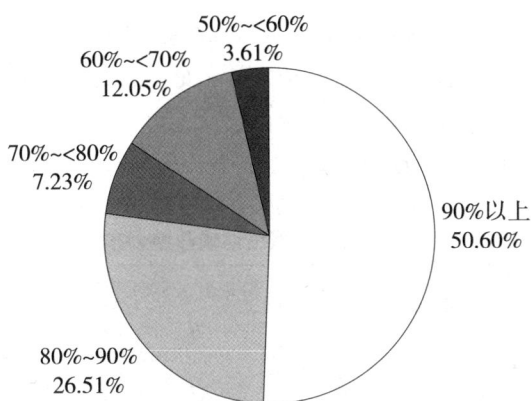

图 4-1 互联网依赖程度分布

　　互联网依赖程度为 90% 以上的企业最多，有 42 家，占总调查对象的 50.60%；互联网依赖程度为 80% ~ 90% 的企业有 22 家，占总调查对象的 26.51%；互联网依赖程度为 60% ~ <70% 的企业有 10 家，占总调查对象的 12.05%；互联网依赖程度为 70% ~ <80% 的企业有 6 家，占比为 7.23%；互联网依赖程度为 50% ~ <60% 的企业有 3 家，占比为 3.61%。网络依赖型企业受 IT 风险及外部风险的影响较大，应当注重系统的维护和风险的防范。

　　被调查较多的是中度依赖互联网的企业，它们需要通过线上和线下同时运营来满足不同用户的需求，但是主要以线上为主。

　　被调查的样本中占比最少的就是轻度依赖互联网的企业。互联网的快速发展正在威胁着传统行业的生存，因此许多传统行业的企业也纷纷进行网络建设及转型。由于缺乏经验和条件，企业转型面临许多不确定的风险，不可能一蹴而就，因此传统企业可能需要先进行一部分业务的线上化，同时还需要与线下的营销进行配合。

考虑到不同行业企业对互联网的依赖程度可能会不同，接下来我们根据行业将企业分为7类，分析企业类型对网络依赖程度的影响。如表4-2及图4-2所示，制造业企业有10家，其中互联网依赖程度为60%～<70%的有4家，70%～<80%及90%以上的各有2家，50%～<60%及80%～90%的各有1家；金融业企业有8家，其中80%～90%的有5家，90%以上的有2家，60%～<70%的有1家；现代农业企业有2家，60%～<70%及80%～90%的各有1家；电商行业企业总计有11家，其中90%以上的有8家，60%～<70%、70%～<80%及80%～90%的均有1家；服务业企业总计有34家，其中90%以上的最多，有22家，60%～<70%以及80%～90%的均有5家，50%～<60%及70%～<80%的均有1家；高科技行业企业总计有55家，其中90%以上的有31家，80%～90%的有14家，60%～<70%的有7家，70%～<80%的有2家，50%～<60%的有1家。

表4-2 不同行业企业网络依赖程度分布 单位：家

行业	90%以上	80%～90%	70%～<80%	60%～<70%	50%～<60%
制造业	2	1	2	4	1
金融业	2	5	0	1	0
现代农业	0	1	0	1	0
电商行业	8	1	1	1	0
服务业	22	5	1	5	1
高科技行业	31	14	2	7	1
其他行业	0	1	0	0	0
总计	75	28	6	19	3

从表4-3及图4-3中可以看出，40%的制造业企业对互联网的依赖程度为60%～<70%，数量最多，这说明虽然如今传统制造业在纷纷转型，逐渐认识到网络的作用并开始进行网络建设，业务也逐渐向线上拓展，但是相对于其他行业来说，制造业对网络的依赖程度较低，一方面可能受传统思维的约束，另一方面可能因为转型难度较大。近年来，互联网的普及率逐渐提高，深刻地影响了我国的经济形势。互联网已经开始渗入各行各业之中，其中传统制造业是受到影响最大的行业之一。研究发现，

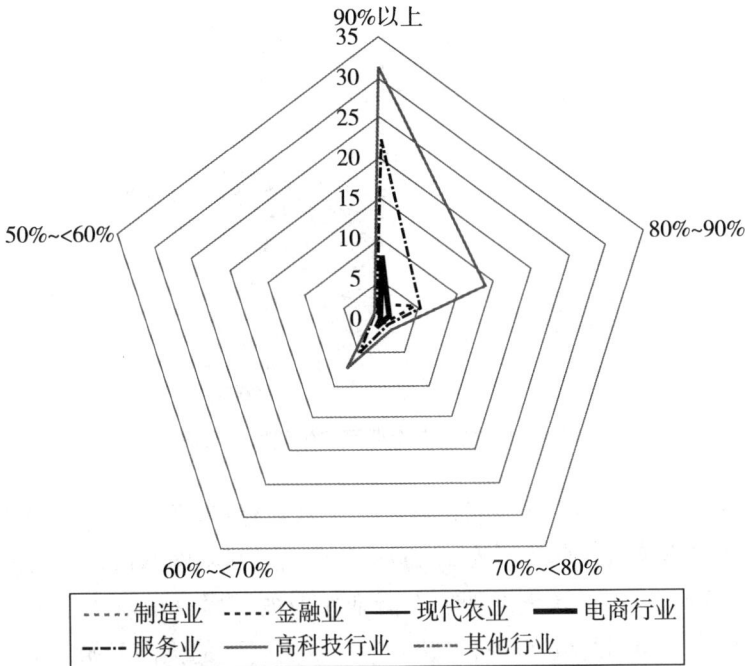

图 4 - 2　不同行业企业网络依赖程度分布

互联网可以通过降低企业的搜寻成本来促进中国制造业企业分工水平的提升①，从而有助于提高企业的绩效。由于互联网有助于拓展企业的营销途径、促进信息传播、更好地进行客户管理等，传统制造业企业对互联网的依赖程度也在不断提升。作为经济发展的主力军，制造业企业在运用互联网的同时，也应该注意过度依赖互联网带来的 IT 风险。

表 4 - 3　　　　　　　　　　制造业企业网络依赖程度分布

网络依赖程度	百分比（%）
90% 以上	20.00
80% ~ 90%	10.00
70% ~ <80%	20.00
60% ~ <70%	40.00
50% ~ <60%	10.00

---

①　施炳展，李建桐. 互联网是否促进了分工：来自中国制造业企业的证据 [J]. 管理世界，2020（4）：130 - 148.

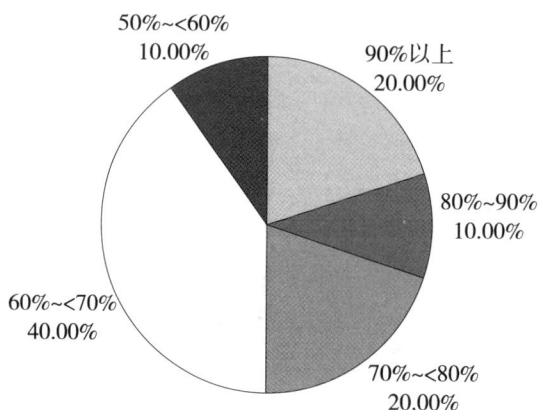

图 4-3 制造业企业网络依赖程度分布

从表 4-4 及图 4-4 中可以看出，金融业有 62.50% 的企业对互联网的依赖程度为 80%～90%，有 25.00% 的企业对互联网的依赖程度为 90%以上，这说明网络依赖型企业中金融业企业的互联网依赖程度大部分较高。近年来，中国的数字经济迅速发展，从支付宝的推出开始，中国逐渐拉开了新金融业态的序幕。传统金融业信息获取、信用审批等环节过于谨慎及复杂，导致一些缺乏完整信息披露的中小企业及个人无法得到资金的支持，不利于经济高质量发展。因此，一些金融企业开始推出新型的互联网金融产品，借助互联网的信息获取优势，更好地对资金的流向进行监督。但是，由于数字金融基础设施不足，民众缺乏风险自担意识，企业风控能力不够、监管滞后等原因，近年来金融科技行业风险事件频发，新金融业态也带来新的风险隐患①。在对网络依赖型企业的风险进行分析时，需要注意从中国的国情出发识别新金融业态风险，在促进经济转型和可持续发展的同时，把风险降到最低。

表 4-4　　　　　　　　　金融业企业网络依赖程度分布

互联网依赖程度	百分比（%）
90%以上	25.00
80%～90%	62.50

---

① 李苍舒，沈艳. 数字经济时代下新金融业态风险的识别、测度及防控［J］. 管理世界，2019（12）：53-69.

互联网依赖程度	百分比（%）
70% ~ <80%	0.00
60% ~ <70%	12.50
50% ~ <60%	0.00

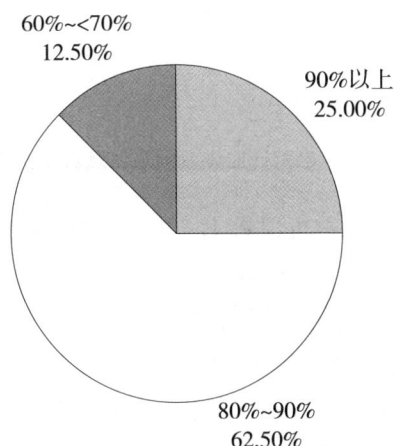

图4-4　金融业企业网络依赖程度分布

从表4-5及图4-5中可以看出，电商行业企业对互联网的依赖程度均在60%以上，其中有72.70%的企业达到了90%以上。电商行业企业作为新兴行业企业，是依托于互联网的发展而产生的。电商行业企业本身就需要在线上进行营销，所以其对互联网的依赖程度都比较高。天猫、京东等一些平台的出现使符合资质的个人或企业都可以在平台上经营店铺，降低了开店的门槛。

表4-5　　　　　　　　电商行业企业网络依赖程度分布

互联网依赖程度	百分比（%）
90%以上	72.70
80% ~90%	9.10
70% ~ <80%	9.10
60% ~ <70%	9.10
50% ~ <60%	0.00

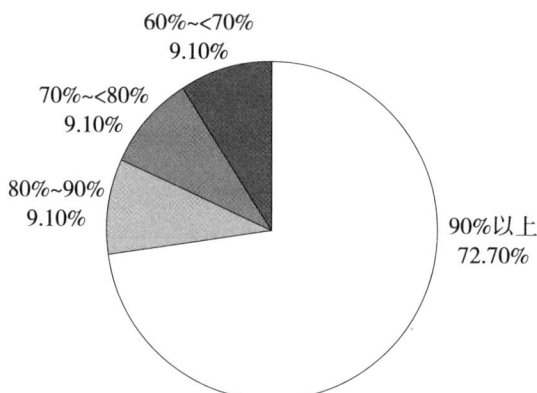

图 4 – 5 电商行业企业网络依赖程度分布

从表 4 – 6 及图 4 – 6 中可以看出，有 64.70% 的服务业企业对互联网的依赖程度为 90% 以上，有 14.70% 的企业对互联网的依赖程度为 80% ~ 90%，有 14.70% 的企业对互联网的依赖程度有 60% ~ <70%，这说明大部分网络依赖型服务业企业对互联网的依赖程度较高，还有一部分处于中等水平。外卖、线上咨询等都体现了服务业对于互联网的运用，互联网技术的应用不仅能极大地为顾客带来便利，还能有效提升交易效率，增加服务消费需求，从而促进服务业发展[①]。

表 4 – 6   **服务业企业网络依赖程度分布**

互联网依赖程度	百分比（%）
90% 以上	64.70
80% ~ 90%	14.70
70% ~ <80%	2.95
60% ~ <70%	14.70
50% ~ <60%	2.95

从表 4 – 7 及图 4 – 7 中可以看出，高科技行业企业对互联网的依赖程度大部分处于 80% 以上，也是比较高的。高科技是从技术和水平程度来描述科学技术的，一般来讲具有先进技术含量高，技术稳定，能带来较大增值和稳定收

---

① 曾世宏，刘迎娣. 互联网技术、交易效率与服务业发展——兼论服务消费对高质量发展的基础性作用 [J]. 产经评论，2020（3）：16 – 31.

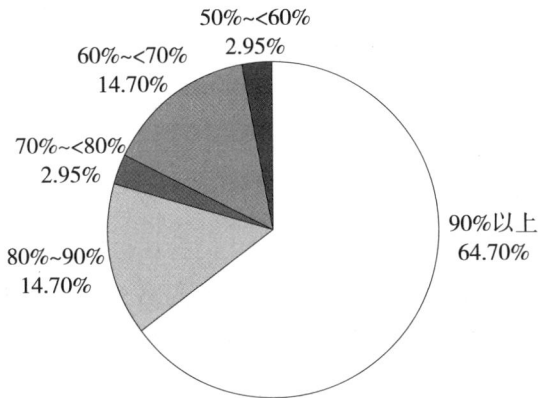

图 4 - 6　服务业企业网络依赖程度分布

益，前期研发投入大，后期运行风险较高等特点。企业一般研究、开发或生产与新兴技术有关的零件或产品。而互联网作为一种工具，在高科技行业企业中自然经常被使用。但是若高科技行业企业想要保持竞争力，那么就需要对研发信息进行保密，因此需要格外防范运用互联网所带来的安全风险。

表 4 - 7　　　　　　　高科技行业企业网络依赖程度分布

互联网依赖程度	百分比（%）
90% 以上	56. 36
80% ~ 90%	25. 45
70% ~ < 80%	3. 64
60% ~ < 70%	12. 73
50% ~ < 60%	1. 82

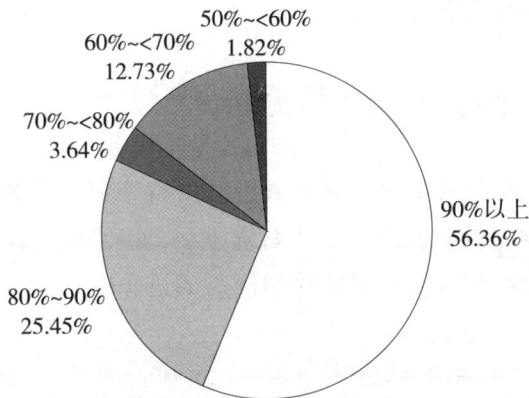

图 4 - 7　高科技行业企业网络依赖程度分布

综上所述，大多数企业对互联网的依赖程度已经达到90%以上，虽然对于传统行业的企业来说，互联网转型是一项艰巨的任务，但是已是势在必行。企业对网络的使用可以体现在以下三个方面。

第一，线上销售。如今，绝大多数线下销售的品牌也纷纷入驻电商平台经营网上旗舰店，线上线下同时进行销售，同时也带动了快递行业的发展。实体零售企业都应该表现出互联网化的特征，并将互联网思维贯穿整个企业价值链[①]。互联网时代已经到来，各行各业只有积极拥抱互联网、培养互联网思维，才能在当今市场中占有一席之地。但是，过度依赖互联网也会给企业带来巨大的风险，而且网络经济还需要依靠实体经济的发展，实体店能够更好地满足用户的消费体验需求，消费者可以更直观地感受商品的品质，这是网购所不能取代的。因此实体店不会消亡，线上线下融合，优势互补才是未来的发展趋势。

第二，线上宣传。企业可以通过互联网进行产品的宣传，而且许多企业都有自己的官网，用户可以通过阅读网站上的信息了解企业的经营范围、发展历史、管理层信息等，也可以留言反馈自身的需求。企业借助网络能够更好地进行企业文化、价值的传递，也可深度了解不同用户的需求。

第三，采购、生产、仓储及配送。企业可以根据从互联网上获取的供应商的信息，再结合自身库存情况来安排采购活动。在生产中，企业可以利用网络实时传递生产信息，并且利用标记识别技术对材料进行追溯和跟踪、对商品的存储位置进行定位。当收到订单的时候，企业可以自动根据生成的订单信息进行物流配送，并且实时更新物流情况。可见，企业的各个环节都有互联网的应用。

二、网络维护人员薪资分析

网络维护主要是日常对网络基础设施进行管理，以确保网络正常运行，具体包括网络设备管理、操作系统维护、网络安全防范、网络数据管理、网络规则维护等。在日常使用网络的过程中，会出现各种各样的

---

① 雷翠玲. 基于互联网经济发展的实体零售行业转型与创新［J］. 商业经济研究，2016（5）：22－24.

问题，比如电脑宕机、备份丢失、网络卡顿、计算机感染病毒等，这些问题往往是由许多隐蔽的问题引发的，也可以说网络存在许多潜在的风险。网络依赖型企业半数以上的业务是通过互联网实现的，而且网络中还会存有企业的大量信息，因此确保网络正常运行是十分重要的，否则会影响用户的体验，进而影响产品销量，有时甚至会导致企业信息丢失、泄露。网络依赖型企业都应该设有网络维护岗位，而网络维护人员的薪酬则可以在一定程度上反映企业对于网络日常维护的重视程度。因为薪酬是员工所付出劳动的货币体现，只有企业觉得保证网络正常运行所带来的效益高，才会愿意付出更多的薪酬。而且高薪酬会使员工更加珍惜现有的工作机会，对于工作的开展十分有利。所以，网络维护人员的薪酬在一定程度上也可以反映出企业在网络维护方面的支持力度和质量保障。

分析网络维护人员的薪酬是出于以下三点考虑。

第一，网络维护人员的薪酬可以反映企业对风险的态度。一般来说，企业愿意为更重要的职位或者更能创造价值的人员提供较高的薪酬，因为高薪酬可以吸引专业水平较高的人才。如果企业愿意为网络维护人员提供较高的薪酬，那么说明企业重视网络维护，认为付出的员工薪酬远远小于风险发生所带来的损失。这种企业拥有很强的风险防范意识，或者说是会算风险经济账。

第二，网络维护人员的薪酬在一定程度上可以反映企业风险防范的质量。网络维护就是在未发生故障的时候及时发现可能的出错点，排除故障发生的可能性。如果网络维护人员的薪酬较高，企业就可以吸引高技术人才，并且员工可以感觉到企业对该职位的重视，认为付出与回报成正比，从而会充满价值感地工作，为企业创造更大的价值。

第三，网络维护人员的薪酬也可以反映企业对网络的依赖程度及企业的规模大小。有时员工薪酬较低可能并不是因为企业对风险不重视或者风险防范意识不足，而可能是因为企业本身对网络的依赖程度不高或企业规模较小，导致网络设备较少、维护难度不大，因此网络维护人员的工作量相比于大企业的来说较少，薪酬也可能相对较低。

薪酬也可能与所在地的消费水平有关，由于本书的调查对象为京津冀区域的网络依赖型企业，所以差别不会太大。

由于薪酬水平涉及员工隐私，所以本问题可以选择性回答。从表4-8

中可以看出，有效值有 83 个，即不存在缺失值。从表 4 – 8 及图 4 – 8 中可以看出，有 47 家企业的网络维护人员年薪为 10 万 ~ <15 万元，占所有被调查企业的 56.63%；有 20 家企业的网络维护人员年薪为 15 万 ~ 25 万元，占所有被调查企业的 24.10%；有 9 家企业的网络维护人员年薪为 5 万 ~ <10 万元，占所有被调查企业的 10.84%；有 3 家企业的网络维护人员年薪为 25 万元以上，占所有被调查企业的 3.61%；网络维护人员年薪为 1 万 ~ <3 万元及 3 万 ~ <5 万元的企业各有 2 家，各占所有被调查企业的 2.41%。

表 4 – 8　　　　　　　　网络维护人员年薪分布

年薪	企业数量（家）	百分比（%）
1 万元以下	0	0
1 万 ~ <3 万元	2	2.41
3 万 ~ <5 万元	2	2.41
5 万 ~ <10 万元	9	10.84
10 万 ~ <15 万元	47	56.63
15 万 ~ <25 万元	20	24.10
25 万元以上	3	3.61
总计	83	100.00

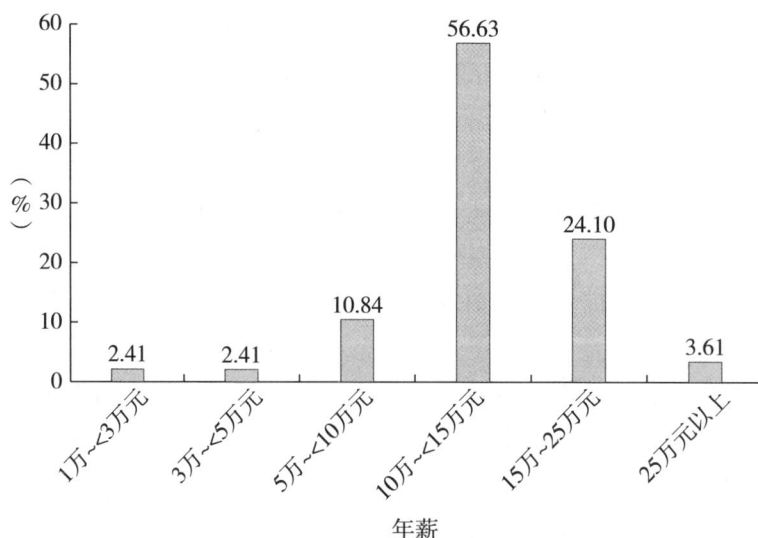

图 4 – 8　网络维护人员年薪分布

通过分析可以发现，提供 10 万～25 万元年薪这个范围内的企业数量最多，网络维护人员的年薪总体来说还是较高的，说明在互联网时代，企业纷纷开始重视对网络安全的维护。网络维护对于企业日常活动的开展也十分重要，许多企业的员工都转为线上办公，就连财务信息的录入、凭证的审核、报表的生成也都需要借助网络。人们日常的生活、工作已经离不开互联网了，如果网络出现故障，信息沟通就会出现问题，导致工作无法顺利开展。而且，企业员工会访问各类网站，如果感染病毒就会引起连锁反应，对企业造成威胁，因此设置防火墙、更新病毒库、定期进行杀毒等网络维护工作是非常重要的。术业有专攻，专业的网络维护人员能够保障网络设施的正常运行，从而有助于其他员工正常工作。经验丰富的网络维护人员通常会要求较高的薪酬，因为他们通常解决过各种各样的问题，知道什么地方容易出现差错，可以及时发现隐患，快速找出处理办法。虽然经验很重要，但是新知识及技能的学习同样重要。技术在进步，新的网络问题也在不断出现，为了避免企业遭受损失，网络维护人员需要通过不断学习来更新自己的知识库。所以，薪酬较高的员工在满足基本的生活需求之后，会比较愿意对自身的技能进行投资，从而为企业带来更高的效益。

提供 1 万～<5 万元年薪的企业数量最少，在京津冀地区，这个范围的工资属于较低水平。根据前文中所分析的，网络维护人员年薪低的原因可能有两个：第一，企业对于网络安全风险不太重视、风险防范质量较差，即风险意识较差；第二，企业的网络依赖程度低或者企业规模较小。因此，该问题只是提供了一个参考，仅从企业网络维护人员薪酬这一个方面不能对企业的网络维护质量下定论，还需要结合其他要素进行分析。

提供 25 万元以上年薪的企业也很少，这可能是由于我国缺乏高质量的网络维护人才。对于网络维护人员来说，理论知识和实践能力同样重要，他们不仅需要掌握有关的专业知识，还需要了解相关的国家政策法规，硬技能与软技能并重，具备较高的职业素养[①]。

从表 4-9 中可以看出，网络依赖度为 90% 以上的有 42 家企业，其中有 28 家企业的网络维护人员年薪为 10 万～<15 万元，有 9 家企业的网络

---

① 刘崇瑞，王洪杰，王聪，等. 就业市场对网络安全人才的需求分析——基于企业招聘广告的内容分析 [J]. 科技管理研究，2020 (3)：182－187.

维护人员年薪为 15 万 ~25 万元，网络维护人员年薪为 1 万 ~<3 万元及 5 万 ~<10 万元的企业均有 2 家，网络维护人员年薪为 3 万 ~<5 万元的企业只有 1 家；网络依赖度为 80% ~90% 的企业有 22 家，网络维护人员的年薪分布在 5 万 ~25 万元，其中 10 万 ~<15 万元年薪的企业最多，为 12 家；网络依赖度为 70% ~<80% 的企业有 6 家，网络维护人员的年薪也分布在 5 万 ~25 万元；网络依赖度为 60% ~<70% 的企业有 10 家，网络维护人员的年薪均在 5 万元以上，其中年薪处于 10 万 ~<15 万元的企业数量最多，为 5 家；网络依赖度为 50% ~<60% 的企业只有 3 家，网络维护人员的年薪为 3 万 ~<5 万元、10 万 ~<15 万元以及 25 万元以上的企业均有 1 家。

表 4 - 9　　　　　　　　　　不同网络依赖度下年薪分布

网络依赖度		1 万 ~<3 万元	3 万 ~<5 万元	5 万 ~<10 万元	10 万 ~<15 万元	15 万 ~25 万元	25 万元以上	总计
90%以上	计数	2	1	2	28	9	0	42
	百分比（%）	4.76	2.38	4.76	66.67	21.43	0.00	
80% ~90%	计数	0	0	3	12	7	0	22
	百分比（%）	0.00	0.00	13.64	54.55	31.82	0.00	
70% ~80%	计数	0	0	3	1	2	0	6
	百分比（%）	0.00	0.00	50.00	16.67	33.33	0.00	
60% ~70%	计数	0	0	1	5	2	2	10
	百分比（%）	0.00	0.00	10.00	50.00	20.00	20.00	
50% ~60%	计数	0	1	0	1	0	1	3
	百分比（%）	0.00	33.33	0.00	33.33	0.00	33.33	
总计	计数	2	2	9	47	20	3	83

从图 4-9 及图 4-10 中可以直观地看出,在各个网络依赖度中,网络维护人员年薪为 10 万~<15 万元的都是最多的,说明企业普遍认为该水平的薪酬是最适合网络维护职位的。年薪为 15 万~25 万元的企业网络依赖度大部分都为 90% 以上,说明网络设施的正常运作对于企业营运来说非常重要,这类企业愿意付出较高的薪资。网络维护人员年薪为 25 万元以上的企业数量较少,但是这些企业的网络依赖度都处于 50%~70%,是相对较低的水平。虽然网络依赖度低,但网络维护人员的年薪是最高的,如果不是因为企业规模级别过大,那么就可以说明企业的风险防范意识较强,风险防控质量较好。

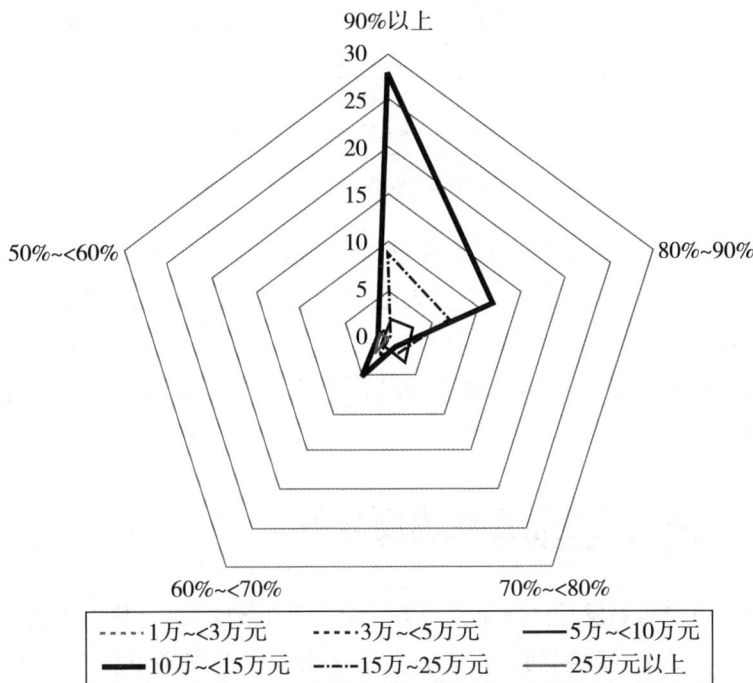

图 4-9 不同网络依赖度及年薪下企业分布

综上所述,大多数企业认为网络维护人员最适合的年薪为 10 万~<15 万元,相当于中等偏上水平。而支付过低或者过高工资的企业数量较少,导致这种现象的原因可能是多方面的,比如,企业对网络风险的关注度、网络依赖程度、网络维护的工作量、网络维护人员的学历及经验等,需要结合其他因素进行分析。在党的十八届五中全会上,习近平总书记提出了"网络强国战略",网络安全涉及国家安全和社会稳定,因此我们要把核心

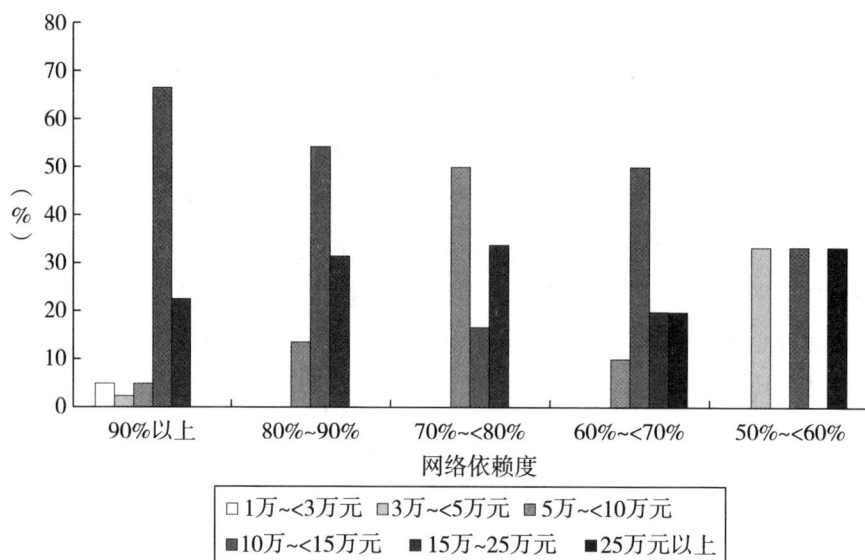

图 4 - 10　不同网络依赖度及年薪下企业分布

技术掌握在自己手中，核心技术靠创新，创新靠人才，但是目前但是目前我国网络安全人才数量与质量均无法满足建设网络强国的战略要求。因此，要想发展好互联网经济，在新时代的世界经济中占据主要地位，国家应该努力培养高质量网络人才；与此同时，企业也应该加强风险防范意识，积极引入人才。

三、企业受疫情影响程度分析

新冠疫情的暴发是一次重大突发公共卫生事件。由于其在我国初次暴发的时间正处于春运期间，人员的大量流动导致全国确诊病例不断增多。为了避免人员流动及聚集导致感染人数激增，武汉封城，并且实施了停工、停产、居家隔离等防疫措施。这无疑使企业遭受了巨大的损失，企业不开工却依然要承担固定成本，没有产品生产和销售，企业缺乏周转资金，资金链就会断裂。疫情防控期间，快递物流也受到一定的影响，由于防控的需要，人员不能随意流动、快递需要消毒，导致商品配送不及时，顾客取件困难。受疫情影响最大的是实体店，它们不仅要承担昂贵的房租，还不能正常开门营业。与此同时，互联网工具凭借其不受时间、空间限制的特点在疫情防控期间发挥了巨大的作用，也使一些互联网企业减少了损失。疫情防控期间，大量互联网企业积极运用大数据分析、公布疫情动态，为许多企业在防控疫情的同时进行有序复工复产提供重要支持，而且疫情促使消费需求由线下向线上快速转移，为在线教育、在线医疗、远程办公、网络审计、数据分析、生鲜电商等带来发展契机[①]。

接下来我们对企业收益受疫情影响的程度进行分析，从数据中可以直观地看到各企业受疫情影响的程度。结果可能会存在三种情况：收益较往年变差、没有影响或较往年变好。究其原因主要有以下三点。

第一，企业抵御外部风险的能力不同。如果企业必须依赖外部良好的条件才能生存，那么当良好的条件消失时企业业绩便会急剧恶化。相反，像天猫、京东等平台构建了完整的物流体系，在疫情中不仅能保障平台商品及时送达、维持企业业绩，还能够帮助国家运送防疫物资、体现大企业的社会责任感。这些大企业对外部风险的抵抗能力较强，受疫情影响的程度较低，甚至可能不会对业绩造成影响。对于一些长期习惯电子办公和视频会议的企业来说，受这次疫情的影响也相对较小，互联网使身处不同地点的员工能够正常开展工作。

第二，企业应对困难的灵活度不同。疫情防控期间，有些企业开始转型生产口罩、消毒纸巾等防疫物资，以满足我国居民的防疫需求，还有许多企业通过网络直播在线销售产品。这些企业灵活运用现有的资源，努力把损失降到最低。

第三，企业本身具有优势。快手、抖音等短视频平台所属的企业受疫情影响较小，甚至业务大涨。消费者可以在居家隔离期间借助这些平台进行消遣娱乐、获取疫情最新动态，还可以分享自己的故事。还有开发腾讯会议、超星学习通等产品的企业，由于可以满足人们在线开会和在线学习的需求，其用户数量也在疫情防控期间激增。对于这些企业来说，企业的业绩可能不降反增。

从表4-10及图4-11中可以看出，83家被调查企业中，由于受到疫情的影响，有53家企业的当年收益比往年差。其中，收益比往年降低20%以下的企业数最多，为34家，占比约为41.00%，比往年降低20%~<50%的企业为16家，占比约为19.30%，比往年降低50%~80%的

① 王伟玲，吴志刚. 新冠肺炎疫情影响下数字经济发展研究［J］. 经济纵横，2020（3）：16-22.

企业有 3 家，占比约为 3.60%；有 21 家企业的收益不受疫情的影响，占比约为 25.30%；有 9 家企业的收益反而比往年好，占比约为 10.80%。收益受疫情影响降低的占据绝大多数，企业的生产和服务能量被抑制，而客户的消费需求也得不到满足。但是还有超过 1/3 的企业不受疫情的影响，这可能是由于某些网络依赖型企业的行业特性使其能够在疫情防控期间发挥自身的作用，找到商机。

表 4 - 10   收益受疫情影响企业分布

收益受疫情影响情况	企业数量（家）	百分比（%）
降低 80% 以上	0	0
降低 50% ~ 80%	3	3.60
降低 20% ~ <50%	16	19.30
20% 以下	34	41.00
没有影响	21	25.30
比往年好	9	10.80
总计	83	100.00

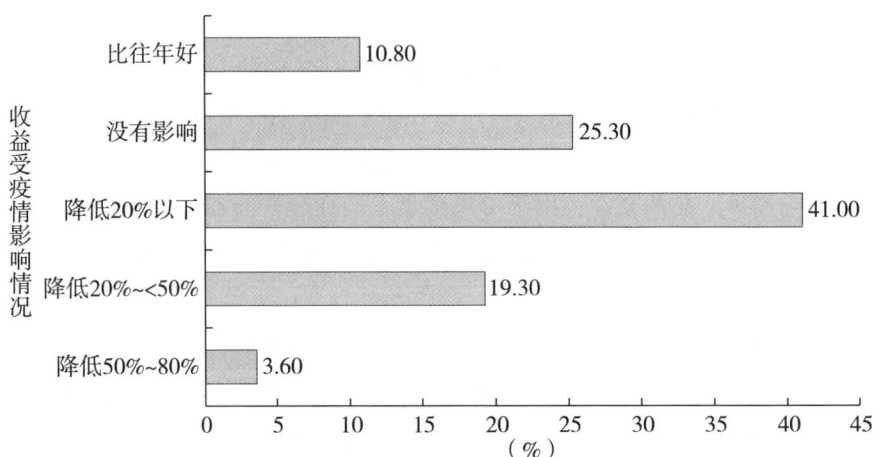

图 4 - 11　收益受疫情影响企业分布

接下来我们就结合企业所属行业来对疫情的冲击进行分析。从表 4 - 11、图 4 - 12 中可以看出，有 10 家企业属于制造业，其中有 8 家受到疫情的不利影响，只有 2 家没有受到影响。制造业企业由于停产、停工的防疫措施受到了严重的影响，而没有受到影响的很可能是生产防疫物资的企业。

有 8 家企业属于金融业，其中有 4 家没有受到疫情的影响，有 3 家企业受到了不利影响，有 1 家企业的收益比往年好。对于金融业来说，许多借贷的企业和个人在疫情防控期间缺乏资金来源，导致信用风险增大，金融业收缩信用，因此会对金融业企业造成影响。但是，大多数金融业企业没有受到疫情的不利影响，可能是因为网络依赖型企业可以利用先进的技术及大量的数据构建信用机制，以此降低信用风险，因此也就不会影响正常的借贷活动。而且由于疫情的冲击，许多中小企业的资金需求增多，而金融业企业可以推出新型金融产品来解决中小企业的融资需求，同时也拓展了自身的业务。

表 4 - 11　　　　　不同行业与不同受疫情影响程度下企业分布

行业	计数（家）	降低 50% ~ 80%	降低 20% ~ <50%	降低 20% 以下	没有影响	比往年好	总计
制造业	计数（家）	0	5	3	2	0	10
	百分比（%）	0.00	50.00	30.00	20.00	0.00	
金融业	计数（家）	0	1	2	4	1	8
	百分比（%）	0.00	12.50	25.00	50.00	12.50	
现代农业	计数（家）	1	0	0	1	0	2
	百分比（%）	50.00	0.00	0.00	50.00	0.00	
电商行业	计数（家）	0	0	0	4	7	11
	百分比（%）	0.00	0.00	0.00	36.40	63.60	
服务业	计数（家）	2	7	14	6	5	34
	百分比（%）	5.90	20.60	41.20	17.60	14.70	
高科技行业	计数（家）	2	9	27	11	6	55
	百分比（%）	3.60	16.40	49.10	20.00	10.90	
其他行业	计数（家）	0	1	0	0	0	1
	百分比（%）	0.00	100.00	0.00	0.00	0.00	

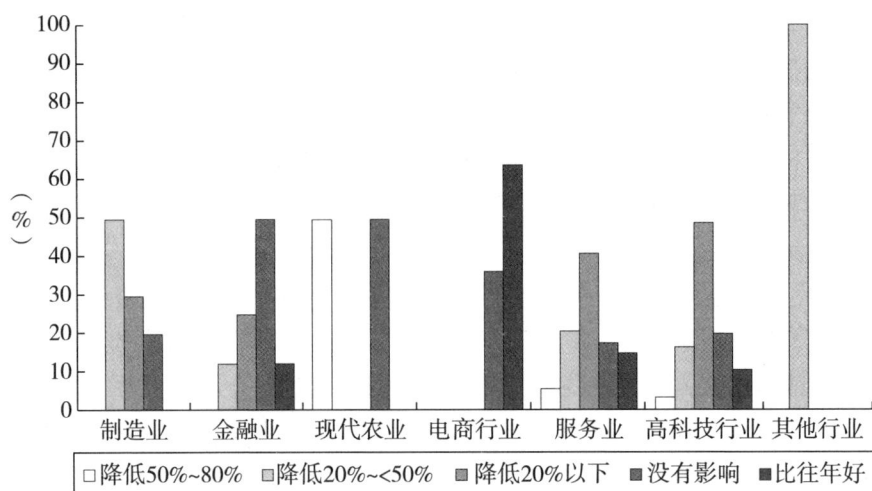

图 4 - 12　不同行业与不同受疫情影响程度下企业分布

有 2 家企业属于现代农业，其中 1 家企业受到了疫情的严重影响，另 1 家企业没有受到影响。

有 11 家企业属于电商行业，其中有 4 家企业没有受到影响，有 7 家企业的收益比往年好。疫情暴发初期，由于感染人数较多，为了安全起见，人们会更多地在网上购物，一方面可以对生活必需品进行补充，另一方面可以打发无聊的时光。网购的一个优点就是可以不受时间、空间的限制，只要拿起手机就可以挑选自己喜欢的产品，而且产品种类繁多。所以电商企业不仅没有受到疫情的不利影响，大部分企业的收益还有所提高。

有 34 家企业属于服务业，其中有 23 家企业受到了疫情的不利影响，有 6 家企业没有受到影响，5 家企业的收益比往年好。旅游、餐饮、娱乐等服务业由于容易造成人员聚集，所以在疫情防控期间不能正常营业，因此收益受到了极大的影响。而一些"互联网＋"服务业，如线上咨询、线上培训等，业务开始增多。由于疫情防控期间去医院看病存在感染病毒的风险，所以很多人选择在线上咨询医生。对于这些实现了数字化的服务业企业来说，受到疫情的不利影响程度较小，有些企业的收益甚至超过了往年。

高科技行业的企业有 55 家，其中有 38 家企业受到了疫情的不利影响，有 11 家企业没有受到影响，有 6 家企业的收益比往年好。在疫情防控期间，技术发挥了不可替代的作用。各种软件与系统的开发、上线保障了在线医疗、视频会议、在线办公等活动的顺利进行，还有疫情防控智能信息平台、智能机器人等产品，都得到了有效利用。因此，高科技行业的一些企业没有受到疫情的不利影响。

综上所述，可以看出，疫情的暴发阻碍了我国的经济发展，影响了人们的正常生产生活，绝大多数企业的收益相比于往年有所降低。但是，有一部分企业受到疫情的影响不大，尤其是电商企业。由于人们在疫情防控期间不能随意活动，因此把消费需求转为线上，这对于电商的发展十分有利。而经过了这次疫情，我们可以发现，受疫情影响小，收益依然保持稳定甚至有所提高的企业有效利用了互联网。数字化能够提升中小企业在面对不确定情况时的稳定性，因此疫情正在倒逼全球进行数字化转型[1]。

四、网络维护费用投入分析

网络维护费用的投入既包括之前分析的网络维护人员的薪资，又包括软件的购买费用、零件的更换费用、网费等日常维护过程中产生的各项费用。网络依赖型企业的大部分业务需要依靠互联网实现，因此要想保证持续正常经营，必须进行日常的网络维护。我们对企业上年度网络维护费用占总收入的情况进行分析，主要有以下几点原因。

第一，体现出企业对网络安全的重视程度。企业的收入水平可以反映业务量的多少，也间接反映了对网络的使用程度。企业愿意为 1 元收入所花费的网络维护费用越多，说明其对网络安全越重视。

第二，说明企业的网络维护质量以及面临的网络安全风险大小。如果企业的日常维护比较全面且谨慎，而且使用的软件比较安全、高级，那么企业网络维护人员的薪资水平以及其他日常维护费用都会很高。随着网络技术的发展及网络规模的扩大，网络依赖型企业对网络维护的可靠性要求提高。针对现代大型网络的故障，可以利用大数据分析技术设计并完成一套完整的智能化故障诊断系统[2]。对于这种结合新型技术对网络进行快速诊断的企业来说，网络维护费用是比较高的。

---

① 李玮，李文军. 从新冠肺炎疫情防控看中小企业数字化转型 ［J］. 企业经济，2020（7）：14 – 19.

② 朱永庆，黄新宇，唐宏，等. 利用大数据分析技术的智能化网络故障诊断系统 ［J］. 电讯技术，2018，58（10）：5 – 10.

第三，体现出员工的专业能力或安全意识。如果网络维护人员能够发现网络中的关键问题所在，那么就可以用最低的成本来恢复网络的正常。相反，如果网络维护人员不能找出问题所在，更换一些无关紧要的零件，不仅不能排除潜在的隐患，反而会增加成本。而且，员工的安全意识也会影响网络维护费用的多少。一些病毒的感染、数据的丢失大多是因为员工浏览不安全的网站或者没有及时保存引起的。

从表4-12及图4-13中可以看出，上年度网络维护费用占总收入的比例为2%～5%的企业最多，有34家，占比约为40.96%；上年度网络维护费用占总收入的比例为2%以下的企业有32家，占比约为38.55%；上年度网络维护费用占总收入的比例为>5%～10%的企业有16家，占比约为19.28%；还有1家企业的被调查对象并不清楚网络维护费用的水平。

表4-12　　　　　　　　不同网络维护费用水平下的企业分布

上年度网维维护费用占总收入的比例	企业数量（家）	百分比（%）
2%以下	32	38.55
2%～5%	34	40.96
>5%～10%	16	19.28
不清楚	1	1.21
总计	83	100.00

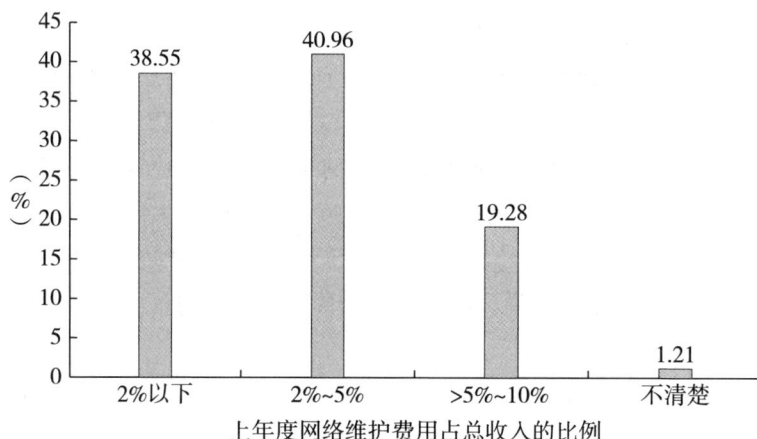

图4-13　不同网络维护费用水平下的企业分布

从数据中可以看出，大部分企业的网络维护费用处于中等水平，超过 1/3 的企业处于低水平，一小部分企业处于高水平。由于网络维护费用占总收入的比例这项指标排除了规模的影响，所以造成这个现象的原因可能有两点。第一，企业对网络的依赖程度不同。如果企业过度依赖网络，那么网络故障将严重影响企业的业绩水平，理智的管理层在做财务决策的时候都会遵循成本效益原则，因此这样的企业愿意为网络维护付出高额的费用。第二，企业管理层的网络安全意识不同。有些管理者不了解网络的脆弱性，只看到了互联网带来的收益，并没有意识到潜在的风险，因此他们对网络维护并不重视，相应的支出也就较少。

综上所述，我们可以看出，企业上年度网络维护费用大多数为中低水平，高水平的支出较少。网络是脆弱的，随时都可能出现故障，因此需要对其进行日常维护。在对网络进行维护的时候会产生各种各样的成本支出，不同的企业根据自身情况所制定的花费标准不同，相应的效果也不同。但是，无论网络维护费用的水平是高是低，都要保证能够把网络安全风险控制在可接受的范围内。随着科技的发展，越来越多的企业会慢慢向"互联网＋"转型，企业应该重视互联网带来的 IT 风险。网络技术的发展日新月异，随之而来的网络威胁也千变万化，企业应该与时俱进，及时更新网络设施，采用先进的技术，培养风险防控意识，使网络环境更加安全。而对于一些互联网企业来说，应该积极发展技术，培养更多的数字化人才，开发更安全实惠的软件，这样不仅能提高企业业绩，还能促进我国经济安全稳定地发展。

五、结论与建议

在本章，我们分析了企业对互联网的依赖程度，发现有超过半数的企业的网络依赖程度为 90% 以上，说明互联网在网络依赖型企业中发挥了很大的作用。因此，在识别、分析风险和构建风险预警机制的时候，需要重点考虑 IT 风险。我们还分析了网络维护人员的薪酬以及网络维护费用占总收入的比例，结果发现处于中等水平的较多，说明企业对网络的日常维护还是比较重视的。而那些网络维护费用处于过低或过高水平的企业，原因可能有很多，还需要结合其他因素进行综合分析。我们还针对新冠疫情对企业造成的影响进行了分析，发现虽然绝大多数企业受到了新冠疫情的不利影响，但是还有部分企业由于行业优势、抗风险能力强等原因，并未受到疫情的影响，甚至还有企业取得了更好的成绩。

　　互联网时代是一个机遇与风险并存的时代，企业应该在享受网络所带来的收益的同时更加注重风险的防范。

第五章

风险管理主体
行为分析

本书关注的另一个重点是近年来出现并逐渐普及的云计算、大数据和移动互联等网络技术的发展和应用对风险管理的影响：一方面，信息技术大幅提高了企业经营效率；另一方面，网络技术可能会导致企业的灾难。很多企业将业务和网络技术紧密结合在一起，在获取竞争优势的同时，产生了不断加大的网络技术方面的风险。这种风险在网络依赖型企业中尤为突出。该类企业在享用网络带来的便利和效率的同时，时刻受到伴随网络而蔓延的各类风险的威胁，这些风险甚至可能影响国家信息化产业发展的战略进程。

网络依赖型企业的网络风险管理水平参差不齐。完整的网络风险管理系统需要前期投入、中期运用、后期维护，比如，国外先进技术设备的引进，国际化模式的设置等。目前互联网技术的发展十分迅猛，我国网络依赖型企业也急需在网络技术上加大投入的力度。随着现代企业制度的建立与发展，如何防范经营和网络风险就成了现代企业所必须面临和解决的问题。为此，理论界和实务界提出了风险管理的各种控制规范和控制措施。这些控制规范和控制措施不仅表现为企业层面等，还表现为国家甚至国际层面的合作和协同[1]。例如，2008年出台的《企业内部控制基本规范》及其配套指引，均对企业风险、信息系统风险等提出了具体的防控措施。

然而，我国网络依赖型企业在网络风险防范方面的知识和经验不足，缺乏深入性的调查与研究。风险管理对于企业的持续发展至关重要，众多理论研究和实例都印证了这一点。在全面风险管理缺失的情况下，企业时刻处在高危状态，一旦管理、经营或环境条件恶化，某一风险点暴露出敞口可能会被无限放大，甚至危及整个企业的生存[2]。伴随着网络依赖型企

① 罗怀敬. 全面风险管理导向下企业内部控制评价研究 ［D］. 泰安：山东农业大学，2013.

② 刘剑. 石油企业 IT 风险管理体系研究 ［D］. 成都：西南石油大学，2016.

业业务的开发和快速发展，企业的经营理念和模式都有了一定的改变，而这些改变对于企业的发展来说形成了一定的风险。

本章以网络风险管理为基础，从制度建设和人员配置的角度来全面分析网络依赖型企业的网络风险管理现状，具体包括：第一，网络风险带来的损失；第二，网络风险管理制度建立情况；第三，网络风险管理人员配置情况；第四，网络风险管理培训情况。网络依赖型企业所处的网络环境在不断变化，所以企业需要不断采取相关管理手段稳步建立和完善企业网络业务管理体系，从而有效地防范企业网络中存在的风险，这已经成为企业在发展过程中所需要面对的重要课题之一。

一、样本企业网络风险损失分析

一般认为，风险由三个基本要素构成，分别是风险因素、风险事故和风险损失[①]。风险因素也叫风险隐患或风险条件，是指引起风险事故发生的条件、加大风险事故发生概率的原因，以及风险事故发生之后加大损失程度的环境因素。风险事故通常是有敞口并外露的，是直接引起损失发生的非预期事件。风险损失是指非计划、非故意和非预期的经济价值减少或人身伤害。风险因素、风险事故和风险损失三者共同作用，同时影响风险产生和发展的过程[②]。

对于网络依赖型企业而言，网络风险是因企业在经营过程中使用互联网而产生的业务层面和技术层面的风险。目前，网络风险具有影响广泛、不可预知等特征。常见的网络风险有网络硬件风险、系统风险、外部入侵系统风险、缺乏相关网络管理制度或管理岗位的风险等。

本章选择网络风险导致企业的年度损失占企业总成本的比例作为研究对象，主要目的有两个。第一，初步识别样本企业发生风险对企业的影响程度。网络风险导致企业的年度损失占企业总成本的比例越高，说明企业受到网络风险的影响程度越高。因此，我们认为，如果样本企业中网络风险导致企业的年度损失占企业总成本的比例较高，则表明，总体而言，样本企业受网络风险影响的程度较高，风险管理水平有待提升。第二，

---

① 张祎平. JZ 村镇银行风险防范策略研究［D］. 天津：天津商业大学，2019.
② 罗怀敬. 全面风险管理导向下企业内部控制评价研究［D］. 泰安：山东农业大学，2013.

初步认识样本企业的风险管理能力。从企业管理的角度来看，针对网络风险建立有效的风险管理制度有助于降低风险对企业造成的损失。因此，我们认为，如果网络风险导致企业的年度损失占企业总成本的比例高，则表明，总体而言，样本企业的风险管控能力弱，产生网络风险的可能性较高。

表5-1和图5-1显示了根据网络风险导致企业的年度损失对样本企业进行初步分类的结果。由分类结果可知：在本次调查的83家企业中，网络风险导致企业的年度损失占企业总成本的百分比为50%~80%的企业有2家，约占2.40%；百分比为20%~<50%的企业有20家，约占24.10%；百分比为5%~<20%的企业有43家，约占51.80%；百分比为5%以下的企业有18家，约占21.70%。结果表明，所有样本企业均受到了网络风险的影响，超过70%的样本企业的网络风险损失低于企业成本的20%。本调查问卷是对京津冀区域的网络依赖型企业进行的调研，反映的情况大致能够体现网络依赖型企业的网络风险损失状况。

表5-1　网络风险导致企业的年度损失占企业总成本的百分比统计情况

网络风险导致企业的年度损失占企业总成本的百分比	企业数量（家）
80%以上	0
50%~80%	2
20%~<50%	20
5%~<20%	43
5%以下	18
不清楚	0

企业经营强调风险和收益的协调，目标是在一定风险水平下实现收益的最大化，是一种主动型风险管理①。同时，管理层具有规避风险的动机，为了避免因管理失败而导致的个人财富损失、解聘风险及职业声誉损失，

---

① 吕文栋，赵杨，田丹，等．风险管理理论的创新——从企业风险管理到弹性风险管理［J］．科学决策，2017（9）：1-24．

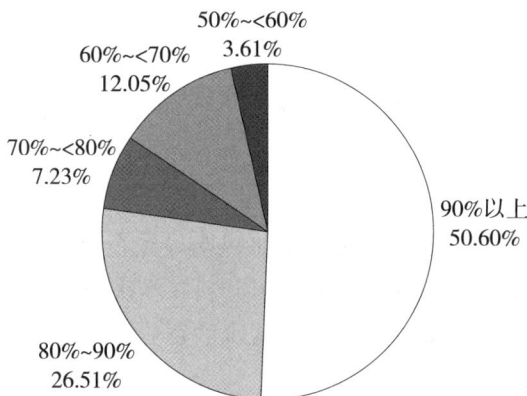

图 5 - 1　网络风险导致企业的年度损失占企业总成本的百分比统计情况

可能会放弃风险较高但净现值为正的项目，从而选择保守性的经营策略①。生存和发展是所有企业管理活动的永恒主题。因此，企业风险管理的目标不仅是控制损失，更重要的是要利用风险管理能力获取持续的竞争优势②。目前而言，多数企业在网络风险控制方面存在经验不足和技术落后的弊端，大多数风险控制决策都以经验定性、主观估计等做法为主。企业在风险评估方面采用的还是传统的定性分析再结合一些数据分析，对历史经验数据的依赖性较强。而调查结果显示，对于网络依赖型企业来说，网络风险是无法完全避免的，这表明网络依赖会对企业经营产生负面影响。

综上所述，虽然网络技术能够为企业带来更快捷的发展。但是，网络风险的不可控性使企业难以避免受到损失。因此，企业在依赖网络的同时，应当建立有效的网络风险管理制度，合理规避风险，降低网络风险为企业带来的损失。

二、样本企业网络风险管理制度分析

网络依赖型企业在经营过程中大量运用网络系统和网络技术，这些系

---

① 张敏，童丽静，许浩然. 社会网络与企业风险承担——基于我国上市公司的经验证据 [J]. 管理世界，2015（11）：161-175.

② BROMILEY P, MCSHANE M, NAIR A, et al. Enterprise risk management: review, critique, and research directions [J]. Long range planning, 2015, 48（4）：265-276.

统具有复杂性高、技术含量高等特点，以上特点决定了网络依赖型企业的高风险性。随着网络技术的迅猛发展，网络的规模越来越大，复杂度越来越高，风险也随之变得难以预测和控制，最终导致企业承担风险损失。因此，在网络风险不可避免的情形下，系统、科学的全面网络风险管理成为迫切需要。网络依赖型企业引入网络风险管理的目的正是运用全面风险管理理论和方法来应对网络风险的不确定性和由此带来的损失，以确保企业经营活动的正常进行。随着企业网络风险影响范围的扩大、复杂程度的提高，加上风险的关联性和互动性，传统的风险管理手段已力不从心，应采用专门的方法进行网络风险管理。因此，在网络依赖型企业中采用全面风险管理已非常必要。

因此，本章结合样本企业的风险管理情况进一步研究样本企业的风险管理制度情况，旨在对样本企业的风险管控能力做进一步了解和认识。目的主要有两个：第一，初步了解样本企业网络风险管理制度的建设情况。在网络风险不可避免的情况下，网络依赖型企业引入系统、科学的全面风险管理可以减少网络风险的不确定性及其带来的损失，以确保企业核心业务正常进行，具有重要的实践价值。因此，可以认为，如果样本企业已建立或正在建立全面风险管理制度，则表明，总体而言，样本企业具备一定的风险识别和应对能力。第二，初步识别样本企业风险的发生情况和影响程度。建立全面风险管理制度的企业往往有风险识别和应对措施，企业发生网络风险的概率较低，或风险的影响范围较小。如果样本企业具备一定的风险识别和应对措施，则表明，总体而言，样本企业发生网络风险的可能性较低，风险的影响程度较低。

表 5-2 和图 5-2 显示了样本企业全面风险管理制度的建立情况。由统计结果可知：在本次调查的 83 家企业中，已经建立了全面风险管理制度的企业有 45 家，约占所有样本企业数量的 54.22%；正在建立全面风险管理制度的企业有 37 家，约占所有样本企业数量的 44.58%；没有建立全面风险管理制度的企业有 1 家，约占所有样本企业数量的 1.20%。结果表明，除 1 家企业没有建立全面风险管理制度外，超过 98% 的企业均已建立或正在建立全面风险管理制度。本调查问卷是对京津冀区域的网络依赖型企业进行的调研，反映的情况大致能够体现网络依赖型企业的全面风险管理制度的建立情况。

表 5 – 2　　　　　　　　样本企业的全面风险管理制度的建立情况

是否建立了全面风险管理制度	企业数量（家）
已经建立	45
正在建立	37
没有建立	1

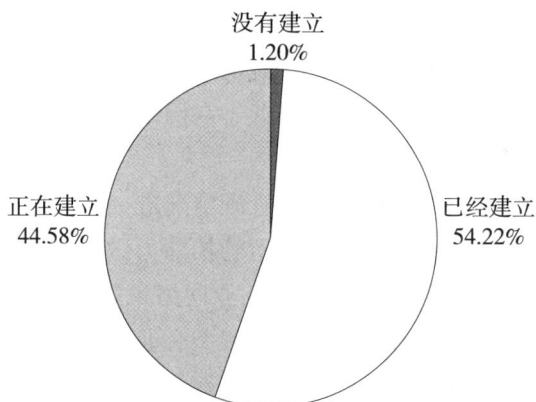

没有建立
1.20%

正在建立
44.58%

已经建立
54.22%

图 5 – 2　样本企业的全面风险管理制度的建立情况

　　网络风险管理的目的是防范风险，从根源处控制风险或将风险的影响程度降至最低，使企业从网络风险管理中获益或降低损失。国务院国有资产监督管理委员会在 2006 年引发的《中央企业全面风险管理指引》中指出，全面风险管理是"企业围绕总体经营目标，通过在企业管理的各个环节和经营过程中执行风险管理的基本流程，培育良好的风险管理文化，建立健全全面风险管理体系，包括风险管理策略、风险理财措施、风险管理的组织职能体系、风险管理信息系统和内部控制系统，从而为实现风险管理的总体目标提供合理保证的过程和方法"。风险防范是网络风险管理至关重要的一步，如果企业能够确保防范措施到位，配套相应的风险转嫁和消除措施，就可以有效降低和控制网络风险。网络依赖型企业应充分做好外部联网核查工作，将网络风险从源头予以遏制，即用网络思维代替传统的单体思维，用系统思维代替传统的局部思维，这对于完善企业网络风险管理和健全内部机制具有重要意义。

　　综上所述，就现阶段而言，绝大多数网络依赖型企业已建立或正在建立全面风险管理制度。但是，大多数样本企业没有上市且属非国有性质，缺乏外部监管，有关风险管理制度的建设和执行情况不明晰。因此，对网络依赖型企业的风险预警进行研究具有一定的实践意义。风险预警是指在风险出现之前，通过采取一定的方式对内外部环境变化进行分析，并及时采取相关规避风险的措施，进而达到控制风险的目的。风险预警体系是一个集风险信号发出、风险快速反应、风险评估和行动方案于一体的系统工程，包括多个环节[①]。此外，风险预警有助于了解企业的网络风险情况，同时根据该类型企业在网络风险管理中存在的问题提出风险预警模型，有助于企业借助模型实施网络风险管理，从而降低损失，甚至从中获益。

本章结合样本企业的风险损失情况进一步研究样本企业的风险管理制度建设情况，旨在对样本企业的风险管理制度做进一步了解和认识。

从表5-3中可以看出：网络风险导致企业年度损失占企业总成本的百分比为50%~80%的企业有2家，且这2家企业均已建立全面风险管理制度；网络风险导致企业年度损失占企业总成本的百分比为20%~<50%的企业有20家，其中9家已经建立全面风险管理制度，10家正在建立全面风险管理制度，1家没有建立全面风险管理制度；网络风险导致企业的年度损失占企业总成本的百分比为5%~<20%的企业有43家，其中23家已经建立全面风险管理制度，20家正在建立全面风险管理制度；网络风险导致企业的年度损失占企业总成本的百分比为5%以下的企业有18家，其中11家已经建立全面风险管理制度，7家正在建立全面风险管理制度。

图5-3的横轴表示企业风险损失情况，纵轴表示在某比例的风险损失下各企业全面风险管理制度建立情况。从图中可以直观地看出，已经建立全面风险管理制度的企业中，多数企业的损失比例在20%以下，但仍然有2家已经建立全面风险管理制度的企业遭受了50%以上的风险损失。因此，全面风险管理制度建立与否和损失情况不是正相关的关系，在进行风险损失分析时，要考虑全面风险管理制度的建立、执行等多种因素，在构建风险预警机制时也要将制度的执行情况纳入考虑范围。

---

① 刘璐 . A 银行信贷风险管理研究 ［D］. 株洲：湖南工业大学，2018.

表5-3　　风险损失情况与全面风险管理制度建设情况的交叉分析　　单位：家

风险损失情况	全面风险管理制度建设情况			合计
	已经建立	正在建立	没有建立	
50%～80%	2	0	0	2
20%～<50%	9	10	1	20
5%～<20%	23	20	0	43
5%以下	11	7	0	18
合计	45	37	1	83

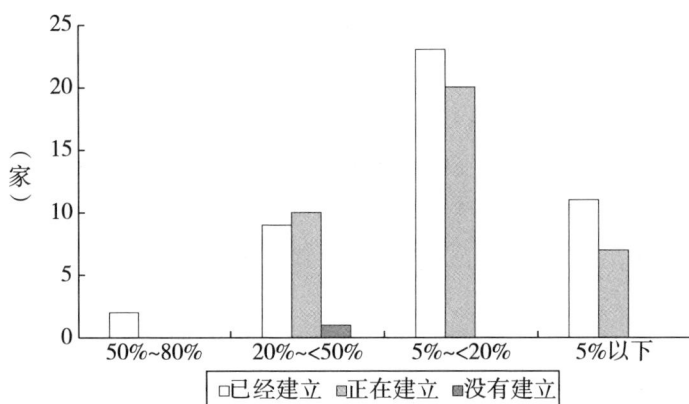

图5-3　风险损失情况与全面风险管理制度建设情况的交叉分析

三、样本企业网络风险管理人员分析

风险管理的影响因素分析，研究的重点包括企业的风险治理环境和文化、治理措施和沟通等方面的内容。企业文化在风险管理过程中具有重要作用——培养全体员工的风险意识，并在日常工作中发挥作用。董凤莉等①研究了人和组织对风险管理的重要意义，并从环境、沟通、监督三个方面探讨内部控制对风险管理的影响。吕阳②强调风险管理文化和风险管

---

① 董凤莉，任国瑞.企业内部控制对风险管理的影响分析及对策［J］.商业经济，2009（16）：74-76.

② 吕阳.浅谈企业的风险管理文化［J］.现代经济信息，2012（24）：70.

理意识，指出应通过风险管理文化的建设促进企业风险管理工作的顺利实施。风险管理实施和评价研究，强调人、组织和管理框架。王永海等[1]强调风险管理中全员参与的重要性，指出应建立相关的激励机制，确保个人积极参与，保障风险管理的顺利实施。

因此，本章结合企业网络风险管理人员情况，进一步研究样本企业的网络风险管理制度的实施情况，旨在对样本企业风险管理制度做进一步了解和认识，目的主要有两个。第一，初步了解企业网络风险管理人员配置情况。在市场竞争日益激烈的网络时代，内部风险管理无疑在企业风险管理系统中扮演着重要的角色，它是为提高企业风险管理效率、有效降低风险发生概率、减少风险损失而建立的管理机制和体系。因此，如果样本企业配置足够的风险管理人员，则表明，总体而言，样本企业具备内部管理机制，具备应对网络风险的能力。第二，初步识别样本企业风险管理制度的执行情况。发挥网络管理制度的监督作用离不开制度的实际执行。网络管理人员作为制度的执行者，应当作为评价制度执行有效性的因素。因此，如果样本企业在风险管理人员的人数方面与企业规模相匹配，则表明，样本企业具备有效执行风险管理制度的能力，受到网络风险影响的程度相对较低。

表 5 - 4 和图 5 - 4 显示了样本企业网络风险管理人员人数情况。由统计结果可知：在本次调查的 83 家企业中，网络风险管理人员人数为 1 ~ 2 人的企业有 7 家，约占所有样本企业数量的 8.43%；网络风险管理人员人数为 3 ~ 5 人的企业有 43 家，约占所有样本企业数量的 51.81%；网络风险管理人员人数为 5 人以人的企业有 33 家，约占所有样本企业数量的 39.76%。结果表明，所有的样本企业均具备网络风险管理人员。本调查问卷是对京津冀地区的网络依赖型企业进行的调研，反映的情况大致能够体现网络风险管理人员情况。由于企业的规模和人力、财力有限，管理者总是倾向于将企业的每分钱都用到能为企业带来直接经济效益的供产销环节，而不愿对内部控制这项辅助性的管理工作投入过多的精力和财力[2]。此外，企业对风险的管理也呈现出一种"头痛医头，脚痛医脚"的状态，

---

①　王永海，林粤湖．全面风险管理成功因素分析——基于有效激励视角［J］．生产力研究，2011（5）：174 - 176.

②　邹希婧．基于风险管理的中小企业内部控制体系构建研究［D］．成都：西南财经大学，2013.

对风险的识别和管理往往滞后于现实，缺乏预见性和筹划性，故风险很容易对企业形成重创甚至是毁灭性打击①。因此，对网络依赖型企业风险蔓延的人机预警机制进行研究具有一定的现实意义，有助于分析企业网络风险管理中的不足，从而提出具体的应对措施，帮助企业降低网络风险带来的损失，建设有效的网络风险管理制度。

表5-4　　　　　　　企业的网络风险管理人员人数统计情况

企业的网络风险管理人员人数	企业数量（家）
0人	0
1~2人	7
3~5人	43
5人以上	33

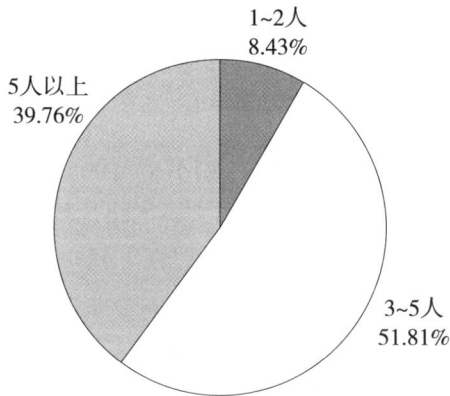

图5-4　企业的网络风险管理人员人数统计情况

综上所述，就现阶段而言，网络依赖型企业中网络风险管理人员数量不足，企业在网络风险管理中的投入也不足。虽然样本企业多数为非上市公司，但收入规模均较大，而一部分企业中的网络风险管理人员不足5人，体现出企业规模与网络风险管理人员数量的不对等，由此可能引发网络管理风险。因此，企业应当配置与自身规模相当的网络风险管理人员，从管

---

① 邹希婧．基于风险管理的中小企业内部控制体系构建研究［D］．成都：西南财经大学，2013.

理层面增强网络风险的识别与应对能力，减少网络风险对企业造成的损失，保证企业依托互联网的核心业务能正常运营。

四、样本企业网络风险管理培训分析

网络风险的引发因素是多维的，对网络风险的预防和处理是一项复杂的系统工程，因而对于从事网络风险管理的员工的经验和业务素养要求较高。就目前企业网络风险管理人员的素质来看，专业的技术能力、人际沟通能力、主动学习能力，以及严谨积极的个人品质是较为重要的。[①] 与传统的市场风险、合规性风险相比，网络风险是一种新兴风险，受内外部网络环境影响更大，具有突发性、随机性等特征，且目前缺乏具体的应对方法。由此可见，无论是在专业素质还是经验积累上，网络风险管理人员都存在一定的短板。因此，对企业员工进行网络风险管理的培训是必要的。

因此，本章结合企业网络风险管理培训情况进一步研究样本企业的网络风险管理制度的实施情况，旨在对样本企业的风险管理制度做进一步了解和认识。目的主要有两个。

第一，初步了解企业员工对网络风险的认知情况。赵步同、谢学保[②]探讨了强化企业培训效果评估的方法，提出培训应注重流程、机制、实施周期。仅依靠经验的积累往往不足以应对不断变化的风险，因而对员工进行长期培训显得尤为重要。根据现代人力资本管理的相关理论可以得知，所有管理工作的核心是人力资源的管理[③]。同时，该理论强调要将企业员工视为具有潜能的一种资源，要重视企业员工的发展与激励。邢铁燕[④]认为员工可以随意安装非授权软件、随意开启文件共享等，因此需要对企业员工的终端进行监督和管理，这样能够大大降低企业内部的风险。王中锋等人[⑤]认为，网络管理囊括了监督、控制、组织及信息处理这几部分，

① 刘璐. A 银行信贷风险管理研究［D］. 株洲：湖南工业大学，2018.

② 赵步同，谢学保. 企业培训效果评估的研究［J］. 科技管理研究，2008（12）：395 – 397.

③ LADO A A, WILSON M C. Human resource systems and sustained competitive advantage: a competency – based perspective［J］. Academy of management review, 1994, 19（4）：699 – 727.

④ 邢铁燕. 企业网络安全方案设计与部署［J］. 科技信息，2012（11）：107 – 108.

⑤ 王中锋，李尚. 计算机网络安全管理浅议［J］. 南昌教育学院学报，2010（4）：72 – 73.

而监督在网络管理中必不可少，只有通过日常对企业终端的监督，减少企业员工的误操作及非法登入和窃取行为，才能避免企业的损失。企业培训是构建科学人力资源管理系统的基石，并且在人力资源积累的各环节中都有涉及，尤其是在育才、用才、识才等对企业的前途与发展起作用的方面。因此，我们认为，如果样本企业经常组织风险管理培训，则表明，总体而言，样本企业员工对网络风险的认知较全面。风险随时可能产生，经常参加培训的员工识别风险和应对风险的能力可能较高。

第二，进一步了解样本企业的网络风险管理制度的实施情况。

表 5-5 和图 5-5 显示了样本企业网络风险管理培训情况。由统计结果可知：在本次调查的 83 家企业中，经常针对网络风险管理进行培训的企业有 53 家，约占所有样本企业数量的 63.86%；偶尔针对网络风险管理进行培训的企业有 30 家，约占所有样本企业数量的 36.14%。结果表明，所有样本企业均进行了网络风险管理培训，在培训的频率上略有差异。网络环境不断变化，要求企业中的每位员工不断丰富自己的网络知识、增强自身素养。同时，企业为了应对复杂的网络环境，必须深度挖掘员工潜力，重视对员工的培训，以增值人力资本，合理应对网络风险。对于网络依赖型企业来说，专业技术人员是业务可靠性的基础，是企业最具影响力的生产价值链。专业技术人员的综合能力情况将直接影响网络依赖型企业的核心业务质量。因此，在开展对关键岗位员工和专业技术人员的培训时，如何充分实现培训效果，使培训能够真正起到提升绩效和员工素质的作用，推动人力资源管理正常高效运作，从而发挥人机预警机制的作用，是一个很有价值的研究课题。可见，对网络依赖型企业的网络风险管理培训情况进行研究具有实践意义，有助于了解企业在网络风险管理中的投入。此外，调查企业网络风险管理制度的实际执行情况，评价企业的风险管理能力，以发现企业真实的风险管理情况，可以为企业提供切实可行的模型，以降低网络风险带来的损失。

综上所述，就现阶段而言，网络依赖型企业在网络风险管理培训方面均有涉及，且培训在风险管理中的作用尤为重要。而调查结果显示，36.14% 的网络依赖型企业在培训频率上为偶尔培训，这些企业虽然在对员工培训方面注入了资源，但是就成效来讲，培训的效果可能并未达到期望的目标。因此，企业应针对网络风险制定专门的培训项目，建立一套完整科学的员工培训效果评价体系，从而全面改善员工培训机制，提升企业的员工培训效果。

表 5 - 5　　　　　企业针对网络风险管理的培训情况

企业针对网络风险管理的培训活动情况	企业数量（家）
经常培训	53
偶尔培训	30
没有培训	0
不清楚	0

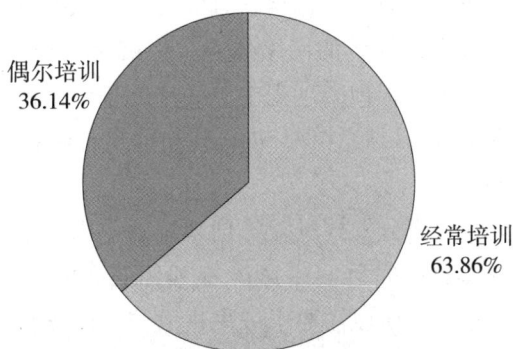

图 5 - 5　企业针对网络风险管理的培训情况

五、分析结论与应对措施

（一）分析结论

基于以上分析得出以下结论。第一，从网络风险导致的损失来看，所有的样本企业均受到网络风险的影响，超过70%的样本企业的网络风险损失低于企业成本的20%。第二，从网络风险管理制度的建立情况来看，除1家企业没有建立全面风险管理制度外，其他超过98%的企业均已建立或正在建立全面风险管理制度。此外，从风险损失情况与全面风险管理制度建设情况的交叉分析中可以发现：已经建立全面风险管理制度的企业也会遭受50%以上的风险损失。总体而言，风险损失的比例不能通过建立全面风险管理制度而有效降低，更关键的因素是制度的实施情况。第三，从网络风险管理人员配置来看，所有的样本企业均配备了网络风险管理人员。第四，从网络风险管理培训来看，所有的样本企业均进行了网络风险管理培训，但在培训的频率上略有差异。

（二）应对措施

基于人因与机因的协同作用来考虑政策和建议基本属于解决此类问题的总基调。网络环境的复杂性和网络技术的快速发展，使网络依赖型企业面临较高的网络不确定性，全面网络风险管理将在运用网络开展核心业务的过程中起到越来越重要的作用。完善风险管理机制、改善企业网络环境和引入风险管理专业人才是企业应对网络风险的措施。网络风险从某种意义上讲就是管理风险。企业制定科学、有效的全面风险管理制度，可以合理避免由于缺乏风险意识导致的网络风险。但网络环境总是快速变化的，因此企业在进行网络风险管理的过程中，必须配备专业的管理人员，运用合适的风险管理方法进行风险管理，以确保企业核心业务正常进行。

1. 建设制度体系

网络依赖型企业要充分发挥风险管理系统的作用，重视系统运行与维护，提升风险控制质量，完善网络风险管理体系。由于系统的涉及面较广，技术复杂性也较高，所以需要十分先进的技术的支持。企业可以充分借鉴和吸收国内外企业的先进管理经验或技术，不断对当前的网络风险管理系统进行优化，并进一步提升网络风险管理能力，提升管理质量。此外，企业还可以投入专项资金来完善网络风险管控体系。信息流通不顺畅，缺乏有效沟通，会导致企业风险管理的效率不高，效果不理想。对此，网络依赖型企业应充分发挥其在网络方面的优势，在内部构建管理信息系统，同时将风险管理系统融入管理信息系统，为实现信息在单位内部有效流通提供保障。此外，外部信息的流通与交换对于企业改善自身经营、管控内部网络风险也十分重要。企业应加强与同类型企业的沟通，建立网络依赖型企业应对网络风险的讨论交流平台，收集采纳各方意见，强化学习曲线，改善风险管理系统，达到有效管控网络风险的目标。

2. 引入人机治理

在企业的网络风险管理系统的建设中，嵌入人机治理模式可以克服以往只重视技术因素而轻视人文因素的弊端。当企业出现问题进行补救时，往往会导致很多不规范的操作，加大企业网络风险管理的难度，同时也会给企业留下许多安全隐患。网络风险不是仅仅依靠防火墙、入侵检测系统、加密技术等就能够完全消除的，而是需要从企业的多个方面入手，多个环节相互配合。因此，应当引入风险预警模型，在人员、技术及流程几个方面做出详细部署，结合企业的实际情况，考虑企业网络风险的动态发展性、扩散性等特征，通过人力、技术及风险管理几个环节相互作用、协同工作，达到保护企业网络安全的目的。

其中，模型的核心是人因的管理，即在综合评价风险的考察因素中纳入组织人力元素，从治理参与动机、组织目标、行动链条和考核导向等各方面分析。人因是一个复杂的综合概念，既包括员工的个人因素，也包括组织结构、制度体系、管理风格、企业文化、道德规范等，本书一般用员工或组织来简化论述。

一方面，员工的岗位配置、技能培训是提升人因效能的必要环节。培训的目的在于使员工树立网络风险防范意识，减少网络风险以及风险带来的损失。在建立全面网络风险管理制度的背景下，应当成立风险管理部门或项目组，负责处理风险管理的日常事务，协调企业内部完成网络风险管理工作。应当建立网络风险管理业务流程、风险控制点的管理人员和业务操作人员的岗前网络风险专业化培训制度。强化风险文化建设，积极普及风险知识，对网络风险管理的重要性和必要性进行宣传，有效执行制度，降低网络风险为企业带来的损失。

另一方面，企业应当重视对基层员工培训效果的评价。对网络依赖型企业有关员工培训的调查结果显示，这些企业对培训的重视不够，多数企业只是零星、非系统化地对员工进行网络风险管理培训，也缺少对培训效果的评价机制。在实际培训过程中，大多数企业认为基层员工的培训效果评价工作只是人力资源部门或培训部门的事情，企业的各部门以及高层领导对基层员工的培训效果评价工作的重视程度不高，认为培训效果的评价工作只是对员工技能和理论学习的评价，并且给予该项培训效果评价工作的支持也比较少，这为基层员工培训效果评价工作的开展带来了困难和阻碍，也将导致基层员工培训工作与网络依赖型企业的发展脱节。[1]

因此，网络依赖型企业需要管理层从观念上企业高度重视基层员工的

---

[1] 张榕芳. 十九冶北方分公司基层专业技术员工培训效果评价体系研究 [D]. 成都：四川师范大学，2016.

培训效果评价工作，还需要企业的各部门对员工的培训效果评价工作给予支持和协调配合。

综上所述，在网络风险管理体系中，网络风险控制是企业内控体系中十分重要的一个组成部分。所谓好的内控体系既包括制度体系的完整性，又包括内控制度执行的有效性，同时还包括对外部经营环境的动态适应性。好的控制能够有效贯彻企业所制定的各项网络风险管理策略，同时能够不断增强企业全体人员的信息安全意识。因此需要按照网络依赖型企业的特征建立风险管理制度，对企业现有的制度进行改进，使企业能够更好地加强网络风险管理，实现网络风险管理目标，建立基于"人机协同""人机治理"的网络风险预警模型，在战略、投资、系统等风险管理方面加大投入，以达到减少网络风险的目的。如配置网络风险管理人员、网络技术型人才，特别是网络安全方面的专业人才；如对风险管理部门固化常规支持（包括资金支持及权力支持），如增加应急投入、完善风险预案；如增强人因要素的安全意识和风险意识，并将其融入企业经营的各个层面。

第六章

网络风险表现分析

为了探讨网络依赖型企业在风险管理行为方面的现状，笔者在调查问卷中专门设计了四个角度的问题：上网账号和密码更换周期、风险识别和评估方法、互联网经营管理主要风险和外部网络输入风险。这四个角度可对样本企业的特征进行一个"全景画像"，旨在初步认识样本企业的基础网络风险控制措施、风险识别和评估方法以及内外部网络风险情况，以便更好地进行人机关系评价和建立人机预警机制。

一、上网安全措施分析

网络依赖型企业为切实提高自身安全性，保障业务正常稳定运行，应当定期对自身网络风险控制措施进行评估。定期更换上网账号和密码作为控制网络风险的基础措施之一，对保障企业网络安全意义重大，分析企业上网账号和密码的更换周期可以了解企业对网络风险的重视程度以及潜在的风险影响程度。本题设置为单选题，选项为样本企业更换上网账号和密码的周期，分别设置了每月一次、每两个月一次、每季度一次、每半年一次、每年一次、不定期以及从没有。

由表 6 – 1 可知，收回的问卷结果中不存在缺失值，有效值为 83 个。

表 6 – 1 　　　　　　　　　 问卷有效值统计 　　　　　　 单位：个

	样本企业对账号密码的更换频率
有效	83
缺失	0

样本企业上网账号和密码更换周期的问卷结果统计如表 6 – 2、图 6 – 1 所示。

表6-2 样本企业上网账号和密码更换周期分布

更换周期	频数（次）	百分比（%）	有效百分比（%）	累计百分比（%）
每月一次	14	16.90	16.90	16.90
每两个月一次	7	8.40	8.40	25.30
每季度一次	35	42.20	42.20	67.50
每半年一次	5	6.00	6.00	73.50
每年一次	6	7.20	7.20	80.70
不定期	16	19.30	19.30	100.00
从没有	0	0	0	100.00
总计	83	100.00	100.00	—

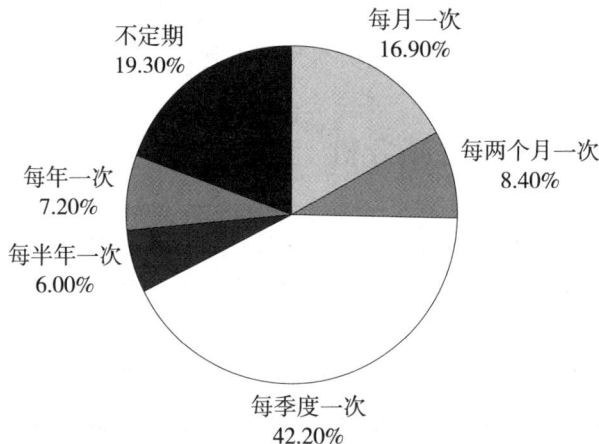

图6-1 样本企业上网账号和密码更换周期分布

根据调查结果可知，有42.20%的样本企业上网账号和密码的更换周期为每季度一次，有19.30%的样本企业上网账号和密码的更换周期为不定期，有16.90%的样本企业上网账号和密码的更换周期为每月一次，有8.40%的样本企业上网账号和密码的更换周期为每两个月一次，有7.20%的样本企业上网账号和密码的更换周期为每年一次，有6.00%的样本企业上网账号和密码的更换周期为每半年一次，不存在从没有更换上网账号和密码的样本企业。从图6-1中也可以看出，样本企业的上网账号和密码更换周期多数为每季度一次。也就是说，不到一半的企业对账号、密码的更换不及时，没有做到起码的每季度更换一次的最低要求，更谈不上养成每半个月甚至每周更换一次的良好习惯，安全意识、风险意识还有待加强，还有超过7%的企业1年更换1次，同样显示出安全意识、风险意识的淡薄。

网络依赖型企业因其业务的特殊性，生存和发展均高度依赖于互联网。因此，保障企业上网账号及密码安全是预防网络输入风险的重点之一。大数据时代下，互联网企业的数据安全面临着更多的风险和挑战，需要加强全生命周期的保护和管理。互联网作为一个虚拟的空间和平台，企业置身其中容易受到多种威胁，如黑客攻击、感染木马病毒等。企业的上网账号及密码一旦遭到泄露，其商业机密、系统安全、交易信息等都会受到严重损害，甚至危及企业未来的存续和发展。一些中大型企业，在集团内部建立与子公司连接的内网，构成财务共享中心等协同办公的组织架构，一旦某个环节出现问题或某位员工操作不当、风险暴露，造成上网账号及密码泄露，可能会对整个集团公司的生产经营造成严重影响，甚至可能通过这一平台使整个地区的企业遭受网络攻击，产生网络蔓延型风险，如沃尔玛的订单黑客事件、摩根公司的"乌龙指"事件，其实背后均有黑客作祟的影子。在这一背景下，按照本书提出的基于人机协同思路的人因概念，网络依赖型企业应当树立网络安全观念，加强网络风险意识，依据企业生产经营的实际情况采取必要的网络安全措施，建立健全完善的网络安全保障机制，定期或不定期高频率地更新升级企业账号及密码，必要时还需要构建"防火墙""风险护城河""人机协同堤坝"几道防线，目的是预防资源账户密码等入口处的风险隐患。

通过以上分析可以看出，样本企业对账号和密码均设计了更新升级的措施和频率，但相互间的实施效果尚存在较大不同，有好有坏。在互联网时代，网络在给企业带来机遇的同时，也给企业带来了许多风险，企业利用互联网开展生产经营的同时，需要培养员工的互联网思维，即培养员工考虑问题、分析问题和解决问题的能力时，不可再按传统方式行事，比如单打独斗、封闭孤立等，而是要合作、共享。任何结果和过程都有可能被放大扩散，因此，互联网思维是对传统习惯的挑战，用好了是"互联网＋"创新模式的正绩效，但不可否认的是，如果忽略了其风险和反面作用，带来的隐患也是致命的，因此应为人因中的员工组织系统的培训，而不是组织局部的个案式的培训，比如从风险意识、企业战略、IT治理开始，培养员工的治理意识、协同意识、风险意识、战略意识，规范其日常网络操作，强化操作风险管控，以期降低网络安全受损事件发生的可能性及危害程度。

二、风险识别和评估方法分析

企业的风险管理过程是一个反复迭代、螺旋上升过程，包括明确目标、风险识别、风险评估、管控策略、实施指引、实施方案、评价与审计等多个环节，其中风险识别和风险评估的是企业风险管理的重要一环。

风险识别是指风险管理人员在收集资料和调查研究的基础上，运用各种辨别、分类、排序方法对尚未产生的潜在风险以及客观存在的各种可能性，尤其是不利的可能性，进行系统分解、汇总、归纳、认知等，旨在发现和认识引起风险的主要因素、风险的性质以及风险可能造成的后果。本阶段的成果是风险识别报告和清单。常见的风险识别工具包括企业风险检索列表、风险提示列表、风险问卷、SWOT① 分析图、PEST② 分析图、风险数据库、流程图等。

风险评估是指在明确了风险管理对象的基础上，研究这些对象的具体特性表现和严重程度，进一步对风险识别报告进行深化。风险评估的基本结果包括风险损失的性质、风险损失范围大小、风险损失的时间分布以及风险事件的重要程度。常见的风险评估工具包括风险影响概率矩阵、风险指标分析、风险价值测量、概率分析、风险评级打分、表现测量、风险模型测试、检查表、鱼骨图、柏拉图分析、敏感性分析、KT决策分析等。

由于企业在选择风险识别和评估方法时，往往会同时选择多种方法，因此本问卷问题设计为并行多选项，旨在了解企业是否具备识别风险要素和动因的意识，是否具有量化评价，用数字揭示问题、反映实质的意识。选项列举了若干企业常用的风险识别和评估方法，包括列出风险清单、利用风险矩阵，职能部门定期或不定期提交风险管理报告，设立专门的风控部门、与类似部门合署办公，不单独设置此类部门，其工作由其他部门兼职完成。

---

① SWOT 是一种战略分析方法，代表 Strengths（优势）、Weaknesses（劣势）、Opportunities（机遇）、Threats（威胁）。

② PEST 指宏观环境，一般包括 Political（政治）、Economic（经济）、Social（社会）和 Technological（技术）这四大类影响企业的主要外部环境因素。

方法一：列出风险清单。

风险清单分析法是企业内部识别风险、控制风险的常用方法，是 PM-BOK（项目管理知识体系）等推荐的方法，财政部 2018 年印发的《管理会计应用指引》中同样给出了风险清单分析法的应用指导，足以说明该方法较为常用和有效。风险清单分析法是企业组织根据专业人士、经验、研究成果等列示填报的风险损失清单，用来排查企业可能面临的风险。风险清单一般是此前已经存在、有代表性、一般表现的基本风险。因风险清单将会列示所有可能存在的风险，通常内容会很多，或达数百条。风险管理部门需要制定适用于本单位的风险，以供风险管理人员使用。风险清单分析法运用规范的方法，参照风险清单逐一检查企业可能面临的各种风险，使用者只需对照清单上列示的内容分析风险，并视风险事故可能造成危害的严重程度，确定风险管理的先后顺序，采取不同措施。企业根据自身状况设计风险清单，然后按照风险的轻重程度确定风险管理次序。

企业在使用风险清单分析法时，需要注意以下事项①：一是风险清单要根据企业自身的情况设计，设计得越详细、完善，越能更好地概括企业的资产，越能全面识别可能面临的风险，越有利于减少风险的产生；二是风险管理部门应按照企业的需要设计清单，按照对企业有利的方式排列风险，同时根据环境的变化及时调整清单；三是风险清单不能识别企业的所有风险，即风险清单可以帮助企业识别纯粹风险，但没有考虑特殊风险，如投机风险等，企业不能单纯地依靠风险清单来控制企业风险，而要全面把握风险。

方法二：利用风险概率和影响矩阵。

风险概率和影响矩阵是基于风险等级对风险进行优先排序，以便进行定量分析和风险应对。根据评定的风险概率和影响程度对风险进行评价。通常采用参照表的形式或风险概率和影响矩阵的形式评估每项风险的重要性及其紧迫程度。风险概率和影响矩阵规定了各种风险未来发生的概率和影响后果的组合，并界定哪些组合被评定为高重要性、中重要性或低重要性。根据组织的偏好，可以使用描述性文字或数字表示②。风险概率和影响矩阵中每一风险按其发生概率及一旦发生所造成的影响评定级别，矩阵

---

① 秦荣生，张庆龙. 企业内部控制与风险管理［M］. 2 版. 北京：经济科学出版社，2012.
② 白思俊. 项目管理方法与工具精要［M］. 2 版. 北京：中国电力出版社，2016.

中对应列示出组织所面临的高风险、中风险、低风险的边界和评分。风险分值可为风险应对措施提供指导。例如，如果风险的发生会对目标产生不利影响（威胁），并且处于矩阵高风险区域，可能就需要采取重点措施，并采取积极的应对策略；而如果处于低风险区域的威胁，只需将之放入待观察风险清单或分配应急储备额，不需采取任何积极管理措施；处于高风险区域的机会最容易被利用，而且能够带来最大的利益，所以应先以此为工作重点。对于低风险区域的机会，应对之进行关注①。

方法三：职能部门定期或不定期提交风险管理报告。

职能部门是指组织中对下属单位具有计划、组织、指挥权力的部门。一般企业的六大职能部门为生产部、销售部、财务部、人事部、采购部和行政部。未设立专门的风控机构的企业，提交风险管理报告的任务通常交给职能部门。按提交的周期，风险管理报告可分为定期和不定期的。定期提交风险管理报告一般是强制性的规定动作，例如保险公司向监管机构、上级机构、董事会、股东会等提交的风险管理报告分为月报、季报、年报等。而不定期提交风险管理报告主要针对的是意外风险事件，等不及到报告期才提交报告，而是必须立即向有关机构提交报告，这是风险管理报告的属性所决定的。风险管理报告中既包括风险的背景、因素、后果、措施，也包括需要补充的其他事项，如例外情况、特殊情况。风险管理报告提供的质量和及时性直接决定了一个组织对风险管控的水平和效果。

方法四：设立专门的风控部门。

企业的风控部门就是从事风险管理的部门。风控部门的主要工作是进行风险的识别、预警、防范、管控、评价和监督，通过采取各种措施和方法，消灭或减少风险事件的发生，减少风险事件发生所造成的损失。风险管理当中包括了对风险的量度、评估和应变策略。有效地对各种风险进行管理有利于企业做出正确的决策，有利于保护企业资产的安全和完整，有利于实现企业的经营活动目标，有利于企业合法经营、有效经营和信息真实。

由表 6-3 可知，收回的问卷结果中不存在缺失值，有效值均为 83 个。

---

① 罗自强，张妍，王坤，等．软件工程实践与项目管理研究［M］．北京：中国水利水电出版社，2013．

表6-3			有效值统计			单位：个
企业在风险识别和评估方面使用什么方法	列出风险清单	利用风险矩阵	职能部门定期提交风险管理报告	职能部门不定期提交风险管理报告	设立专门的风控机构	缺乏相应方法
有效	83	83	83	83	83	83
缺失	0	0	0	0	0	0

样本企业风险识别和评估方法的问卷结果统计如表6-4、图6-2所示。

表6-4　　　　样本企业风险识别和评估方法分布（可多选）

风险识别和评估方法	响应个案数（个）	百分比（%）	个案百分比（%）
列出风险清单	44	24.70	53.00
利用风险矩阵	25	14.00	30.10
职能部门定期提交风险管理报告	46	25.80	55.40
职能部门不定期提交风险管理报告	13	7.30	15.70
设立专门的风控机构	50	28.20	60.20
缺乏相应方法	0	0.00	0.00
总计	178	100.00	214.40

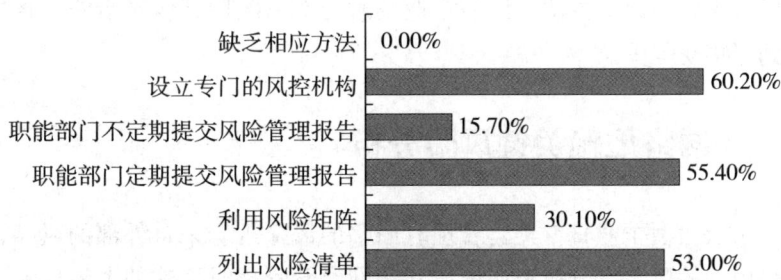

图6-2　样本企业风险识别和评估方法分布

由于本题是多选题，得出的响应个案数为178，远大于被调查企业数83个，因此可以看出，部分企业的风险识别和评估方法涉及多种。从表6-4中可以看出，有60.20%的样本企业选择设立专门的风控机构；有55.40%的样本企业选择由职能部门定期提交风险管理报告；有53.00%的样本企业选择列出风险清单；有 30.10% 的样本企业选择利用风险矩阵；有 15.70% 的样本企业选择由职能部门不定期提交风险管理报告；不存在缺乏风险识别和评估方法的样本企业。

从调查结果来看，约 60% 的样本企业设立了专门的风控机构，可见样本企业的管理层对企业的风险管理较为重视；超 70% 的样本企业要求职能部门定期或不定期提交风险管理报告，其中要求定期提交的居多，由职能部门提交风险管理报告能够培养全体员工的风险意识，有利于保障风险识别的顺利进行；而风险矩阵和风险清单两种常用的风险识别和评估方法也被较多样本企业选用。

通过以上分析可以看出，样本企业在风险识别和评估方法的选择上大多数不止一种，风险意识较强。网络依赖型企业应当重视企业全面风险管理，围绕总体经营目标，通过在企业管理的各个环节和经营过程中执行风险管理的基本流程，培育良好的风险管理文化，建立健全全面风险管理体系，从而为实现风险管理的总体目标提供合理的过程和方法。全面风险管理是对传统风险管理的继承和发展，赋予了风险识别、风险评估以及风险控制新的内涵[1]。企业风险管理与应对能力关系到企业的生存与发展，而该能力在很大程度上受到内部控制的影响。因此，企业必须加强对内部的有效控制，从而更加科学合理地进行风险管理，使企业在激烈的市场竞争中得以生存和发展[2]。此外，企业也应当加强培养员工的风险意识，定期开展风险管理相关内容的培训，确保风险控制部门或职能部门熟练掌握和运用风险识别和评估方法，以便企业及时针对风险展开应对措施，将损失降低到可接受范围。

三、网络依赖关键风险分析

网络依赖型企业日常经营管理时面临的风险既有来自外部的风险，也有来自内部的风险。分析企业依托互联网经营管理时面临的主要风险，有利于了解其内外部网络风险情况，以便更好地进行人机关系评价和建立人机预警机制。本题设置为多选题，选项包括网络硬件风险、本地软件或系

---

[1] 李庆虎，段学仲，张佰睿. 企业全面风险管理：识别、评估与控制 [J]. 中国总会计师，2007（9）：20-23.

[2] 唐蓉. 企业内部控制与全面风险管理 [J]. 财会学习，2020（1）：239-241.

统风险、专业人才匮乏风险、信息泄露或篡改风险、网络系统不稳定风险、信息失窃风险、黑客或病毒入侵系统的风险、缺乏相关网络管理制度或管理岗位的风险以及其他风险。

由表6－5可知，收回的问卷结果中不存在缺失值，有效值均为83个。

表6－5　　　　　　　　　　　有效值统计　　　　　　　　　　单位：个

企业依托互联网经营管理时面临的风险	网络硬件风险	本地软件或系统风险	专业人才匮乏风险	信息泄露或篡改风险	网络系统不稳定风险	信息失窃风险	黑客或病毒入侵系统的风险	缺乏相关网络管理制度或管理岗位的风险	其他风险
有效	83	83	83	83	83	83	83	83	83
缺失	0	0	0	0	0	0	0	0	0

样本企业依托互联网经营管理时面临的主要风险的问卷结果统计如表6－6、图6－3、图6－4所示。

表6－6　　样本企业依托互联网经营管理时面临的主要风险分布

互联网经营管理主要风险	响应个案数（个）	占比（%）
网络硬件风险	29	11.65
本地软件或系统风险	24	9.64
专业人才匮乏风险	20	8.03
信息泄露或篡改风险	46	18.47
网络系统不稳定风险	27	10.84
信息失窃风险	29	11.65
黑客或病毒入侵系统的风险	45	18.07
缺乏相关网络管理制度或管理岗位的风险	29	11.65
其他风险	0	0.00
总计	249	100.00

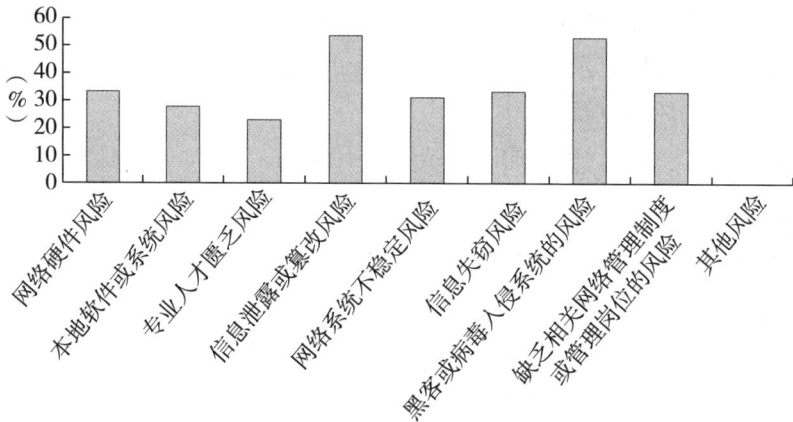

图 6-3 样本企业依托互联网经营管理时主要风险个案分布

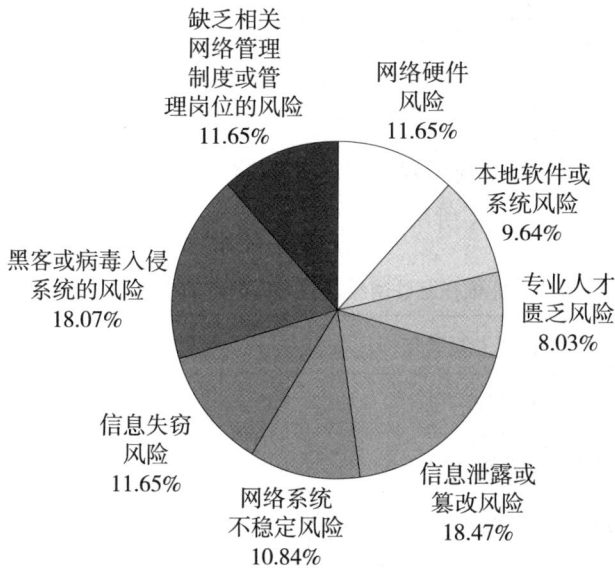

图 6-4 样本企业依托互联网经营管理时主要风险分布

本题得出的响应个案数为 249 个，远大于被调查企业数 83 个，因此可以看出样本企业依托互联网经营管理时面临的主要风险涉及多个种类。从表 6-6 中可以看出，有 18.47% 的样本企业依托互联网经营管理时面临的主要风险为信息泄露或篡改风险；有 18.07% 的样本企业依托互联网经营管理时面临的主要风险为黑客或病毒入侵系统的风险；有 11.65% 的样本企业依托互联网经营管理时面临的主要风险为网络硬件风险；有 11.65% 的样本企业依托互联网经营管理时面临的主要风险为信息失窃风险；有

116

11.65%的样本企业依托互联网经营管理时面临的主要风险为缺乏相关网络管理制度或管理岗位的风险；有10.84%的样本企业依托互联网经营管理时面临的主要风险为网络系统不稳定风险；有9.64%的样本企业依托互联网经营管理时面临的主要风险为本地软件或系统风险；有8.03%的样本企业依托互联网经营管理时面临的主要风险为专业人才匮乏风险；不存在填写其他风险的样本企业。

通过以上分析可以看出，样本企业在依托互联网经营管理时，主要风险的种类大多数不止一种。网络依赖型企业应当增强对网络安全的规范化管理，执行相应的法律法规，增强计算机安全意识；还要加强计算机网络安全技术和防范措施，确保计算机网络安全工作正常、及时运行①。

四、外部网络输入风险分析

网络依赖型企业依托互联网进行经营管理，在日常的运营、交易等环节容易遭受外部网络的输入风险。分析企业是否因过度依赖网络而遭受外部网络输入风险，以及外部网络输入风险的类别、影响程度、属性等，有利于了解其外部网络输入风险的现状，以便提出针对性建议。本题设置为组合题，样本企业先根据自身是否因过度依赖网络而遭受了外部网络输入的风险做出"是"或"否"的判断，再由选择"是"的样本企业选择外部网络输入风险类别，选项包括输入了病毒等非法信息，输入了客户的不实信息，输入了本企业不需要的信息（如广告、链接、推送等），非法采集了本企业的商业秘密，输入了不实的产品或服务信息（如夸大宣传），输入了不实的信用、财力、规模、市场影响的信息，输入了未经核实的其他信息，其他风险（如果选择该选项，需填写具体内容，下同）。

收回的问卷结果中不存在缺失值，样本有效。

样本企业依托互联网经营管理时，外部网络输入风险的问卷结果统计如表6-7、表6-8、图6-5、图6-6、图6-7所示。

---

① 张炳，任家东，王苹. 网络安全风险评估分析方法研究综述［J］. 燕山大学学报，2020（3）：290-305.

表 6 - 7   样本企业是否因过度依赖网络而遭受了外部网络输入风险分布

是否因过度依赖网络而遭受了外部网络输入风险	频数（个）	百分比（%）
是	35	42.20
否	48	57.80
总计	83	100.00

表 6 - 8   样本企业外部网络输入风险类型分布

外部网络输入风险类型	响应个案数（个）	百分比（%）	个案百分比（%）
输入了病毒等非法信息	20	21.51	57.10
输入了客户的不实信息	11	11.83	31.40
输入了本企业不需要的信息（如广告、链接、推送等）	17	18.28	48.60
非法采集了本企业的商业秘密	10	10.75	28.60
输入了不实的产品或服务信息（如夸大宣传）	8	8.60	22.90
输入了不实的信用、财力、规模、市场影响的信息	14	15.05	40.00
输入了未经核实的其他信息	13	13.98	37.10
其他风险	0	0.00	0.00
总计	93	100.00	265.70

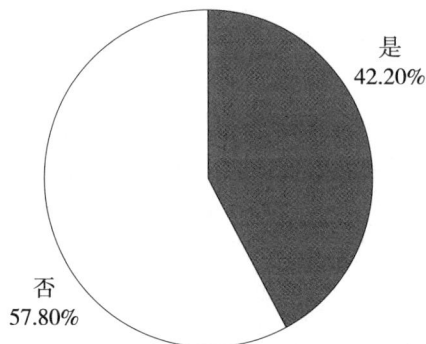

图 6 - 5 样本企业是否因过度依赖网络而遭受了外部网络输入风险分布

其他风险（请填写） 0

输入了未经核实的
其他信息 37.10%

输入了不实的信用、财力、规模、
市场影响的信息 40.00%

输入了不实的产品或
服务信息（如夸大宣传） 22.90%

非法采集了本企业的商业秘密 28.60%

输入了本企业不需要的信息
（如广告、链接、推送等） 48.60%

输入了客户的不实信息 31.40%

输入了病毒等非法信息 57.10%

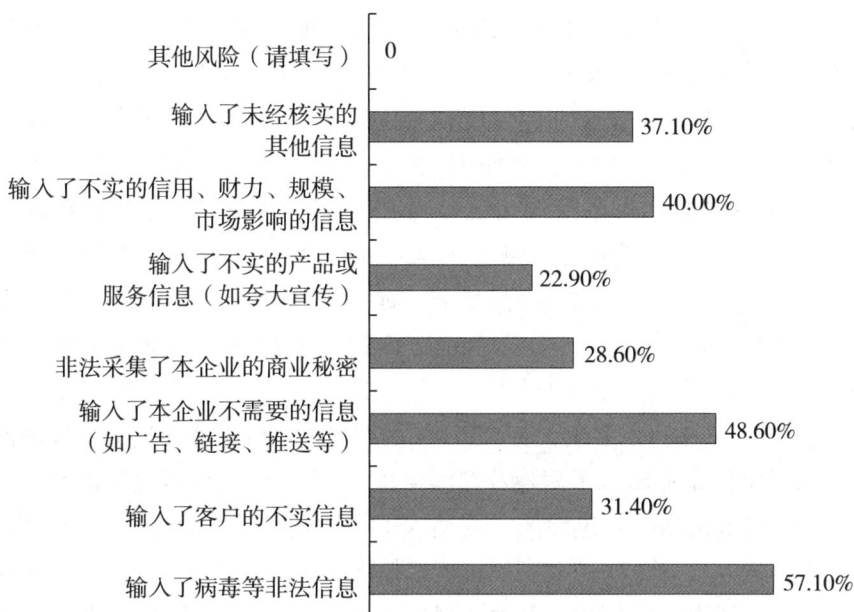

图 6 - 6 样本企业外部网络输入风险类型个案分布

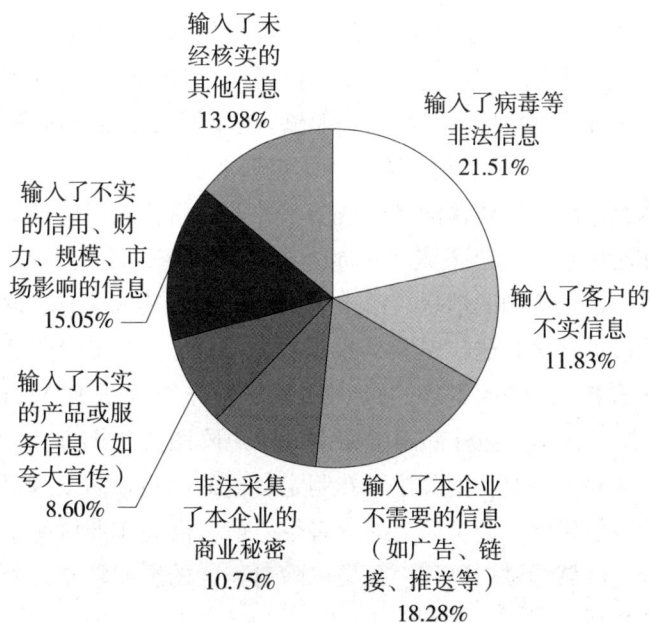

输入了未
经核实的
其他信息
13.98%

输入了病毒等
非法信息
21.51%

输入了不实
的信用、财
力、规模、市
场影响的信息
15.05%

输入了客户的
不实信息
11.83%

输入了不实
的产品或服
务信息（如
夸大宣传）
8.60%

非法采集
了本企业的
商业秘密
10.75%

输入了本企业
不需要的信息
（如广告、链
接、推送等）
18.28%

图 6 - 7 样本企业外部网络输入风险类型分布

由于本题设置为组合题，样本企业先根据自身是否因过度依赖网络而遭受了外部网络输入的风险做出是否判断，从表6-7中可以看出，有35家样本企业存在因过度依赖网络而遭受了外部网络输入风险的情况，占比为42.20%；另外48家企业则不存在因过度依赖网络而遭受了外部网络输入风险的情况，占比为57.80%。接着对存在因过度依赖网络而遭受了外部网络输入风险的企业进行分析，由于本题为多选题，得出的响应个案数为93个，远大于选择"是"的样本企业数35个，因此可以看出，部分样本企业因过度依赖网络而遭受了的外部网络输入风险涉及多个种类。

从表6-8中可以看出，有57.10%的因过度依赖网络而遭受了外部网络输入风险的企业输入了病毒等非法信息；有48.60%的因过度依赖网络而遭受了外部网络输入风险的企业输入了本企业不需要的信息（如广告、链接、推送等）；有40.00%的因过度依赖网络而遭受了外部网络输入风险的企业输入了不实的信用、财力、规模、市场影响的信息；有37.10%的因过度依赖网络而遭受了外部网络输入风险的企业输入了未经核实的其他信息；有31.40%的因过度依赖网络而遭受了外部网络输入风险的企业输入了客户的不实信息；有28.60%的因过度依赖网络而遭受了外部网络输入风险的企业被非法采集了本企业的商业秘密；有22.90%的因过度依赖网络而遭受了外部网络输入风险的企业输入了不实的产品或服务信息（如夸大宣传）；不存在填写其他风险的样本企业。

将样本企业因过度依赖网络而遭受了外部网络输入风险的类型：输入了病毒等非法信息，非法采集了本企业的商业秘密，输入了不实的信用、财力、规模、市场影响的信息，输入了未经核实的其他信息，输入了本企业不需要的信息（如广告、链接、推送等），输入了不实的产品或服务信息（如夸大宣传），输入了客户的不实信息，分别设置为A、B、C、D、E、F、G，绘制样本企业外部网络输入风险矩阵图（见图6-8）。深色区域代表严重风险，需要特别关注，并制定合适的风险预防及应对措施；较浅色区域为一般风险，此类风险的危害性一般，需要按照风险手册规定正确处理；浅色区域为微弱风险，此类风险对企业的影响较小，处于风险处理优先级的最后。

样本企业依托互联网经营管理时，外部网络输入风险列表如表6-9所示。

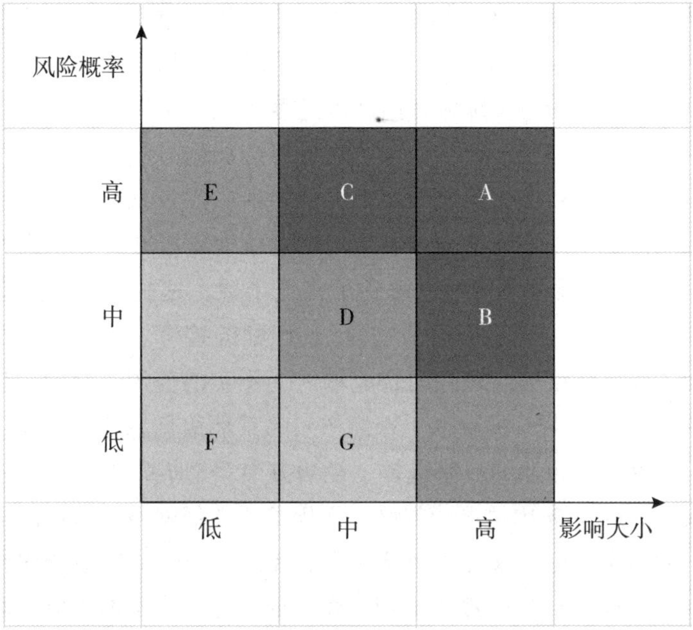

图 6 - 8　样本企业外部网络输入风险矩阵

表 6 - 9　　　　　　　样本企业外部网络输入风险列表

外部网络输入风险类型	风险等级	风险管控建议
输入了病毒等非法信息	高	运行防火墙等防护系统；成立网络安全委员会；设置网络风险专家委员会
非法采集了本企业的商业秘密	高	同上
输入了不实的信用、财力、规模、市场影响的信息	高	健全网络内控体系
输入了未经核实的其他信息	中	成立风控委员会
输入了本企业不需要的信息（如广告、链接、推送等）	中	设置专门的风控岗位
输入了不实的产品或服务信息（如夸大宣传）	低	加强人员培训
输入了客户的不实信息	低	加强人员培训

从调查结果可以看出，近半数的样本企业均因过度依赖网络而遭受了外部网络输入风险，占比较大，针对外部网络输入风险加强控制措施，提高企业员工风险意识意义重大。而在因过度依赖网络而遭受了外部网络输入风险的企业中半数以上存在输入了病毒等非法信息的情况，这些病毒会威胁企业系统的稳定性，甚至导致重要信息泄露以及系统瘫痪。而因过度依赖网络而遭受了外部网络输入风险的企业中输入了本企业不需要的信息（如广告、链接、推送等）的也占到了将近半数，这些垃圾信息会影响企业正常的经营管理，甚至存在"钓鱼"、诈骗链接等。40%因过度依赖网络而遭受了外部网络输入风险的企业输入了不实的信用、财力、规模、市场影响的信息，近40%的输入了未经核实的其他信息，这些不实信息或未经核实的信息会对企业的战略选择、经营方向等造成很大干扰，阻碍企业的正常成长。约30%因过度依赖网络而遭受了外部网络输入风险的企业输入了客户的不实信息，这可能会导致企业客户的流失或造成错误交易，损害企业利益。近30%因过度依赖网络而遭受了外部网络输入风险的企业曾被非法采集了本企业的商业秘密，这对企业在市场中的地位以及未来的经营发展产生了很大威胁，甚至可能导致企业破产。20%以上因过度依赖网络而遭受了外部网络输入风险的企业输入了不实的产品或服务信息（如夸大宣传），这会对企业的采购产生不利影响。不实的产品或服务信息，一方面会导致企业本身获得的产品或服务不符合预期，另一方面可能会导致企业在此产品基础上加工形成的产成品质量存在缺陷，影响企业的发展和品牌形象。针对以上风险，企业可以根据自身实际情况以及风险偏好，采取合适的应对措施，包括建章立制、加强人员培训、运行防火墙等防护系统、健全网络内控体系、成立网络安全委员会、成立风控委员会、设置专门的风控岗位、在董事会中设置网络风险专家委员会等。

根据调查结果绘制样本企业外部网络输入风险帕累托图，如图 6-9 所示，绘制的鱼骨图如图 6-10 所示。

帕累托图是由意大利经济学家 Vilfredo Pareto（维尔弗雷多·帕累托）在分析社会财富的分布状况时提出的。他发现，人类社会的进展历程中，少数人占有大量的财富，大多数人仅占有少量财富，而且少数人对财富起着决定性的支配作用，因此，它提出了"关键的少数和次要的多数"的观点，而且这一观点也适用于社会、经济生活的其他方面。后来，有学者把这一理论运用到风险管理中，将其作为寻求影响风险不确定性因素的一种方法。从概

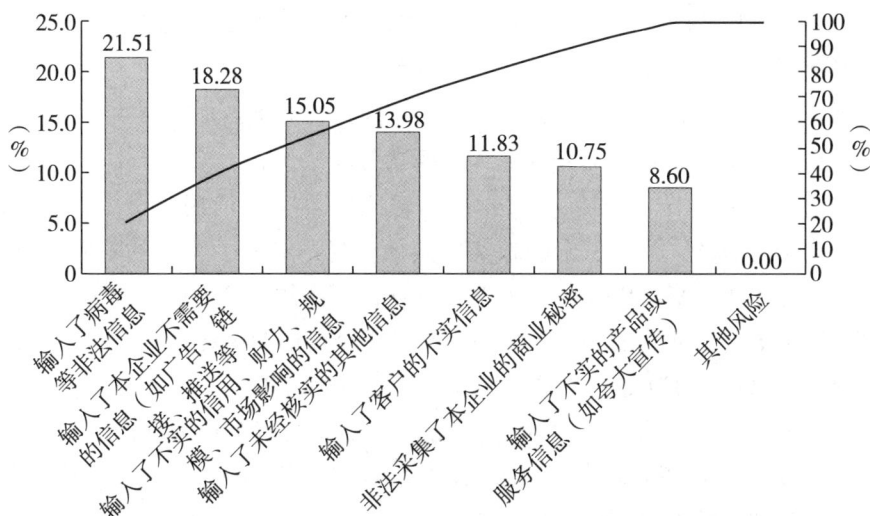

图 6 - 9　样本企业外部网络输入风险帕累托图

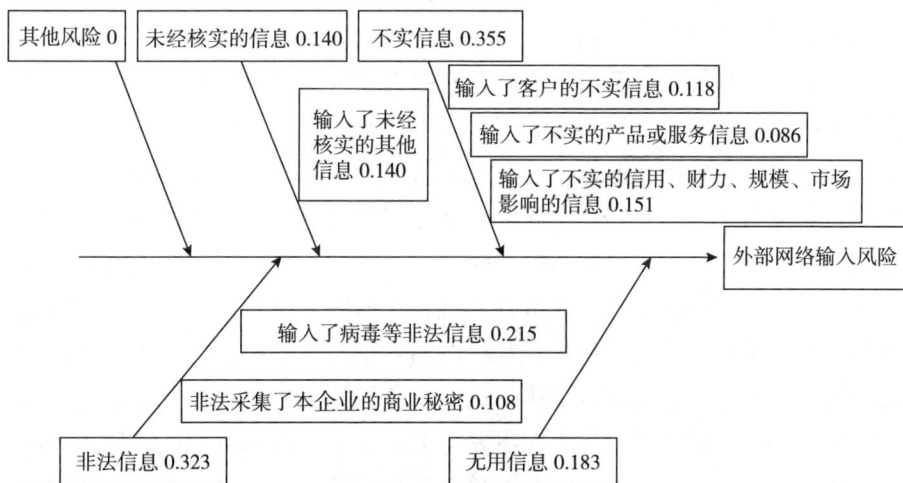

图 6 - 10　样本企业外部网络输入风险鱼骨图

念上说，帕累托图与帕累托法则一脉相承，该法则认为：相对来说，数量较小的原因往往造成绝大多数的问题或者缺陷。此项法则往往被称为二八原理，即80%的问题是20%的原因所造成的。也可使用帕累托图汇总各种类型的数据，进行二八分析。①

————————

① 邢花. 新药研发项目管理知识体系构建［D］. 沈阳：沈阳药科大学，2009.

观察帕累托图寻找主次因素时，主要看矩形柱高矮。一般确定主次因素可利用帕累托曲线，将累计百分比分为三类：累计百分比在 0% ~ 80% 的为 A 类，在此区域内的因素为主要影响因素，应重点加以解决，本次调查结果中属于 A 类的因素包括输入了病毒等非法信息，输入了本企业不需要的信息（如广告、链接、推送等），输入了不实的信用、财力、规模、市场影响的信息，输入了未经核实的其他信息，输入了客户的不实信息；累计百分比在 80% ~ 90% 的为 B 类，在此区域内的因素为次要因素，本次调查结果中属于 B 类的因素为非法采集了本企业的商业秘密；累计百分比在 90% ~ 100% 的为 C 类，在此区域内的因素为一般因素，本次调查结果中属于 C 类的因素为输入了不实的产品或服务信息（如夸大宣传）。

鱼骨图，又称因果图，一个问题受到多个因素影响时，我们将这些因素加以整理，成为相互有关系且有条理的图形，这个图形称为因果图，由于形状像鱼的骨头，所以又叫鱼骨图。由图 6 – 10 可以看出，样本企业外部网络输入风险的主要影响因素包括四类，分别是不实信息、非法信息、无用信息和未经核实的信息。

通过以上分析可以看出，样本企业中近半数因过度依赖网络而遭受了外部网络输入风险，且外部网络输入风险种类较多。通过对风险矩阵图、帕累托图以及鱼骨图的分析，可以找到对企业影响较大、需要重点关注的外部网络输入风险。针对这些风险，网络依赖型企业应当结合自己的实际情况以及风险偏好，采取适当的风险预防及应对措施。同时，网络依赖型企业应当注重对网络安全的规范化管理，在网络安全方面建章立制；加强人员培训，增强企业员工使用计算机时的安全保护意识；要加强计算机网络安全技术和防火墙等防范措施，确保计算机网络安全工作正常、及时运行；健全网络内控体系，成立网络安全委员会和风控委员会或设置专门的风控岗位，有条件的企业可以在董事会下设置网络风险专家委员会，将网络风险的防范控制纳入企业战略监管层面，得到机制和体制上的保障。

第七章

网络输入风险应对措施分析

世界经济论坛发布的《2018 年全球风险报告》指出，网络安全已经与环境退化、经济紧张和地缘政治共同被列为未来面临的四个主要风险。伴随着互联网对各个行业领域的渗透，产业互联网服务涉及第一、二、三产业，将个人、企业及第三方机构等所有对象连接在一起。网络攻击造成的影响已经从虚拟世界扩大到现实世界，因此，网络风险的防范在未来将成为企业风险防范的重要组成部分。①

本章主要分析企业面对网络输入风险的态度和应对措施，具体包括企业针对网络输入风险所采取的措施、企业整体管理工作的信息化程度、网络输入风险防范方面人为因素与技术因素哪个更关键、所在企业的网络输入风险的发展趋势四个方面。通过分析企业对网络输入风险的应对措施和认知程度，初步了解企业网络输入风险治理的环境，为后续研究做铺垫。

一、样本分析

（一）应对输入风险的措施

在调查问卷的前述问题中，被调查对象已经进行了风险识别、风险评估，为了应对网络输入风险，企业必然会选择采取一定的措施。问卷中共列出了 8 个具体的风险应对措施，以及 1 个由被调查对象填写的其他风险选项。具体统计结果如表 7 – 1 和图 7 – 1 所示。

---

① 参考腾讯网发布《中国产业互联网安全发展研究报告（2018）》等资料。

表 7 - 1   样本企业针对网络输入风险所采取的措施

选项	企业数量（家）	占被调查对象总数的比例（%）
A. 建章立制	28	34
B. 加强人员培训	32	39
C. 运行防火墙等防护系统	43	52
D. 健全网络内控体系	41	49
E. 成立网络安全委员会	28	34
F. 成立风控委员会	29	35
G. 设置专门的风控岗位	38	46
H. 董事会中设置网络风险专家委员会	29	35
I. 其他风险（请填写）	0	0

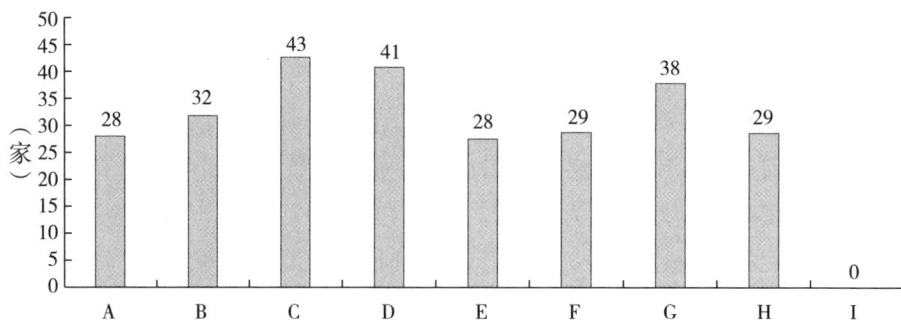

图 7 - 1   企业针对网络输入风险所采取的措施

（1）建章立制。其是指企业为应对可能出现的网络输入风险，提前制定相应的规章制度，从而避免网络输入风险进入企业网络。比如，企业为了防止信息泄露或被篡改风险，规定有一定权限的员工或者得到授权的员工才能进入企业数据库，从而可以降低信息泄露或者被篡改的风险。

（2）加强人员培训。其是指加强对人员的关于防范网络输入风险的培训，从而使员工对网络输入风险产生一定的警惕意识。

（3）防火墙是一个由计算机硬件和软件组成的系统，部署于网络边界，是内部网络和外部网络之间的连接桥梁，同时对进出网络边界的数据进行保护，防止恶意入侵、恶意代码的传播等，保障内部网络数据的安全①。

---

① 何恩南. 计算机网络安全及防火墙技术分析研究综述［J］. 珠江水运，2020（18）：51 - 52.

可以聘请专业的软件公司为企业设计防护系统。

（4）健全网络内控体系。其是指在企业内部控制体系中加入或者完善关于网络风险的内控体系，从而减少网络输入风险所带来的损失。例如，企业内部控制相关制度规定，企业定期进行系统的彻底优化、杀毒，对外来信息源进行控制性监测，针对岗位职责中关于网络操作、维护的环节，设计流程和风险点，设计风险列表和管控矩阵。

（5）成立网络安全委员会。其是指在企业内成立专门的网络安全组织，委员会成员来自企业的不同部门，定期组织召开网络安全会议。网络安全委员会收集、识别输入风险，必要时咨询相关专家或聘请有资质的中介机构，梳理捕捉网络风险。

（6）成立风控委员会。其是指在企业内成立风险控制组织或者专门的网络输入风险控制组织，对企业发现的包括网络输入风险在内的各种风险提出应对方案并监督实施，从而起到控制风险的作用。

（7）设置专门的风控岗位。作为风控委员会的日常机构，负责风控制度建设和落实，协助内控部门评价和优化相关制度体系，可以起到控制风险、降低损失的作用。

（8）董事会中设置网络风险专家委员会，从企业治理和决策高层规划和设计网络风险防范措施，为董事会在风险控制特别是网络风险防范措施决策提供帮助。

不同的企业针对网络输入风险采取的策略不同，首先对企业的投票数量进行分析。本次调查问卷企业数量为 83 家，共收到反馈 268 票，平均每家企业 3.23 票，这意味着平均每家企业采用了 3.23 个措施来应对网络输入风险。问卷投票情况统计结果如表 7-2 和图 7-2 所示。

表 7-2　　　　　　　　　　企业投票数量

所采取的措施数（个）	企业数量（家）	占样本总数比例（%）
1	6	7.22
2	21	25.30
3	24	29.00
4	23	29.00
5	4	5.00

所采取的措施数（个）	企业数量（家）	占样本总数比例（%）
6	1	1.00
7	2	2.00
8	2	2.00

注：为分析方便，对上表数据做相应处理。

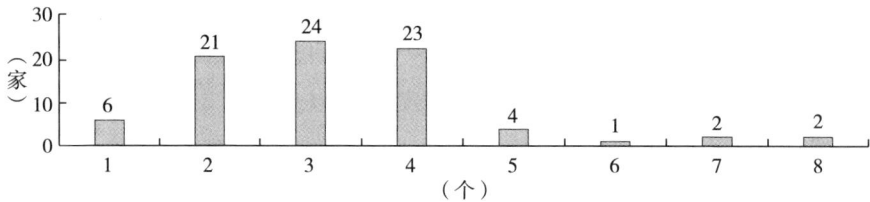

图 7 - 2　所采取的措施数与企业数量

从图 7 - 2 中可以看出，大多数企业采取的措施数量为 2 个到 4 个，总计 68 家，占到了样本企业总数的 81.93%。调查问卷数据显示，仅有少数企业采取的措施在 5 个及以上，这说明仅有少数企业针对网络输入风险的准备较为充足。有 6 家企业仅仅采取了 1 个措施来控制网络输入风险，这说明这些企业对网络输入风险的认知不足。随着企业对网络依赖程度的加深，网络风险也越来越大，企业应该采取更多的措施来应对网络输入风险。

下面对每个措施进行具体分析。

选项 A 调查的是"建章立制"，共有 28 家企业选此项，在所有措施中，其得票数量是最少的之一。建章立制的优点非常明确，可以使企业有制可循。建章立制的成本较高，需要起草、层层审批，必要时需要聘请专业的团队为企业定制。所有企业中仅有约 1/3 的企业制定了专门的规章制度来应对网络输入风险，这说明企业对网络输入风险的认知不足，从而导致没有制定专门的规章制度来应对风险。

选项 B 调查的是"加强人员培训"，共有 32 家企业选此项，在所有措施中，得票数量排第四。加强员工培训操作较为简单，可以由企业人力资源部门负责或者外包给专业企业。加强员工培训的成本也较低，仅需要支付相应的员工工资和培训费用。在样本企业中约有 39% 的企业在应对网络输入风险时采用了加强员工培训的措施，还有许多企业没有认识到网络输入风险的危害。随着人们对网络输入风险认知的加强，会有越来越多的企业在培训员工时加入网络输入风险防范和治理的有关知识。

选项 C 调查的是"运行防火墙等防护系统"，共有 43 家企业选此项，在所有措施中，得票数量最多。很多企业都有自己的内部网络，在内网和外网相连接的地方，就需要设置防火墙。防火墙等防护系统的成本较高，需要合作开发或定制购买。在样本企业中，有一半以上的企业采取了这一措施。一方面，这类措施可以应对多种风险；另一方面，这类措施在企业中的认可度高。当企业达到一定规模时，应该在企业内网和外网连接处布置防火墙。

选项 D 调查的是"健全网络内控体系"，共有 41 家企业选此项，在所有措施当中得票数量排名第二。许多企业都有自己的内部控制体系。随着网络在工作中应用场景的增多，网络风险也在加大。有将近一半的样本企业采取了此类措施。一方面，此类措施可以应对多种风险；另一方面，数据表明多数企业认识到了网络风险的危害，在内控体系中专门加入了网络内部控制部分。健全网络内控体系能够有效地控制网络输入风险，建议企业采纳。

选项 E 调查的是"成立网络安全委员会"，共有 28 家企业选此项。成立网络安全委员会是应对网络风险的有力措施之一，其成员应既懂风险管理，又了解网络的特性，同时熟悉企业业务。为了使企业网络安全、平稳地运行，成立网络安全委员会是好措施，但也会消耗一定的成本。

选项 F 调查的是"成立风控委员会"，共有 29 家企业选此项，得票数量低于样本总量的一半。成立风控委员会类似于成立网络安全委员会，均需要专业的技术员工，同时需要付出一定的成本。

选项 G 调查的是"设置专门的风控岗位"，共有 38 家企业选此项，接近样本总量的一半。很多企业都有专设的风险控制岗，部分企业还会设置首席风险官（Chief Risk Officer，CRO）。设置专门的风控岗位相较于"成立网络安全委员会"和"成立风控委员会"操作上较为简单，成本也较低。优秀的风控工作者可以帮助企业识别多种风险，包括网络输入风险，并规划、实施有效的风控管理系统。

选项 H 调查的是"董事会中设置网络风险专家委员会"，共有 29 家企业选此项，约占样本总数的35%。董事会中设置网络风险专家委员会，可以使董事会在制定政策、做出决定时更多地考虑到网络风险，从而避免部分网络风险的出现，包括网络输入风险。董事会中设置网络风险专家委员会的成本较高，需要在股东或独立董事候选人中选举。

选项 I 调查的是"其他风险"，没有样本企业选择此选项。笔者认为，可以将网络安全工作整体外包给专业的网络安全公司。

大多数企业目前对网络输入风险的认知不足，采取的措施数量多为 2 个到 4 个。在所有措施中，应用较为广泛的措施可以应对多个风险，而非专门针对网络输入风险。具体措施方面，"运行防火墙等防护系统""健全网络内控体系""设置专门的风控岗位"三类措施相较其他措施应用得较为广泛，且可以应对多种网络风险。先进的网络技术和信息系统保护体系有助于避免信息系统瘫痪和重要信息大量泄流等①。"加强人员培训"可以提升企业的整体风险应对能力，且操作较为简单，在企业培训中加入网络输入风险培训内容即可。通过学习和分析网络攻击的方法及步骤，掌握网络攻击知识是防御网络攻击的最佳手段②。因此，建议已经认识到网络输入风险的企业，在企业员工培训中加强网络输入风险识别和应对的相关培训。"建章立制""成立网络安全委员会""成立风控委员会""董事会中设置网络风险专家委员会"四个措施相较其他措施在企业中应用率较低，究其原因为操作较复杂，需要层层审批和耗费一定的成本。虽然操作上存在一定的复杂性，但实施之后可以系统地应对多种风险。因此，当企业达到一定规模且有一定的专业技术人员储备后，建议采取上述四类措施，强化企业对网络输入风险的识别和应对。

（二）企业整体管理工作的信息化程度

企业管理是对企业生产经营活动进行预测、决策、计划、控制、检查、考核、分析等一系列活动的总称，是社会化大生产的客观要求。企业管理是尽可能利用企业的人力、物力、财力、信息等资源，实现高效率、高效益的目标，取得最大的投入产出效率，做到信息流、物流、资金流"三流合一"。

信息技术飞速发展深刻影响着我国传统经济模式和社会秩序，企业所处的不再是以往的物质经济环境，而是以网络为媒介、用户为中心，将企业组

---

① 赵蓉英，余波. 网络信息安全研究进展与问题探析 [J]. 现代情报，2018 (11)：116－122.
② 徐澄. 面向企业信息安全的网络攻击防范手段研究 [J]. 中国电子科学研究院学报，2020 (5)：483－487.

织结构、技术研发、生产制造、市场营销、售后服务紧密相连在一起的信息经济环境。信息带动管理的转变对企业成长有着全方位的影响，它将彻底改变企业原有的经营思想、经营方法、经营模式，通过业务模式创新、产品技术创新，或对各种资源加大投入，借助信息化等强有力的方法和手段来实现，其成功的关键是企业不同成长阶段与信息化工具的有机结合。[①]

企业信息化的程度需要综合、客观地评价。企业信息化程度分析不是仅仅靠计算机的数量来分析，有的企业人手一机，但是没应用任何管理系统，只限于 Office 文档编辑等，信息化程度很低。但是，计算机的数量也是信息化实施的基本要求，至少管理人员需要人手一机。信息化的另一个要求是有管理信息系统，那么同样要配备相应的硬件环境，如服务器交换机等。信息系统要应用于 70% 以上的业务上，才能够称为实现了信息化。其实，信息化使企业组织更具整体性、协同性、系统性和敏锐性，大幅提升对包括市场环境、政策环境、金融环境、消费环境、竞争环境、法律环境等在内的外界环境的感知、反应和应对，因此信息化程度反映一个企业组织的适应性和生存发展能力，也是企业持续实现战略目标的必备能力。

问卷中关于"企业整体管理工作的信息化程度"的调查结果为被调查对象的主观判断，而非系统的调查和分析得出的结论。这里将信息化程度分为 10% 以下、10% ~ <30%、30% ~ <50%、50% ~ <70%、70% ~ 90%、90% 以上。分析认为，信息化程度在 10% 以下，基本上等于没有实施信息化，说明企业仅在必须进行信息化手段的流程中进行了信息化。信息化程度在 10% ~ <30%，说明企业刚刚开始在企业管理工作中推广信息化，包括使用 Office 等办公软件。信息化程度在 30% ~ <50%，说明信息化手段在企业整体管理工作中得到了初步且相对普遍的应用，ERP 系统等信息化手段得以运行。信息化程度在 50% ~ <70%，说明信息化手段在企业整体管理工作中的应用得到了认可，ERP 系统在企业得到了更广泛的应用，并且运用了一些信息沟通软件，如钉钉、腾讯会议等。信息化程度在 70% ~90%，说明信息化手段在企业整体管理工作中得到了充分且有效的应用，信息化手段使企业信息传输效率和工作效率得以提高。信息化程度在 90% 以上，说明企业在绝大多数工作流程中运用了信息化手段，这样的企业一般为互联网和高科技企业。调查问卷结果如表 7 - 3 和图 7 - 3 所示。

---

① 张磊 . X 石化公司节能管理研究［D］. 青岛：中国石油大学（华东），2013.

表 7 – 3   企业整体管理信息化程度

企业整体管理信息化程度	企业数量（家）	占样本总数比例（%）
10% 以下	1	1.00
10% ~ <30%	7	8.00
30% ~ <50%	20	24.00
50% ~ <70%	21	25.00
70% ~90%	28	35.00
90% 以上	6	7.00

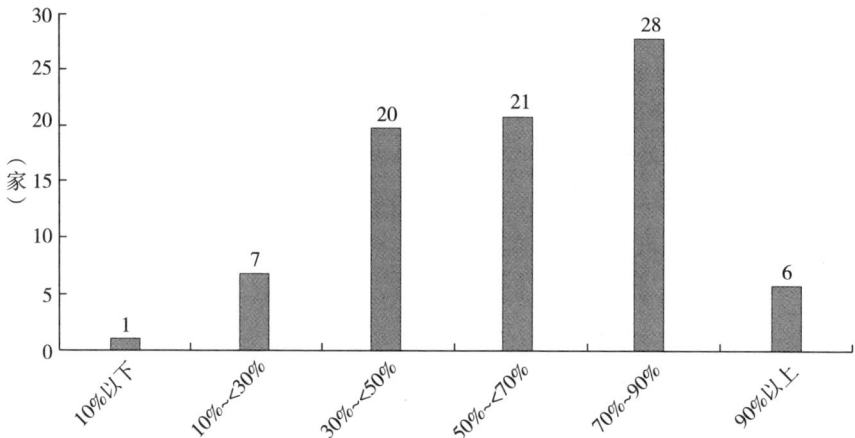

图 7 – 3   企业整体管理信息化程度

从图 7 – 3 中可以看出，绝大多数被调查对象认为自己所在企业的信息化程度在 30% ~90%，总计为 69 家企业，约占样本总数（83 个样本）的 83%。这表明绝大多数被调查对象认为自己所在的企业已经开始运用信息化手段，且信息化手段得到了企业的重视。一方面，信息化有助于企业更准确地获得需求信息，并提高"事前"投资效率；另一方面，信息化使企业在"事后"对需求冲击有效地做出反应，从而提高产能利用率①。处于该区间的企业已经认识到信息化手段对管理工作效率提升的作用。随着企业的发展，信息化手段在管理工作中的应用场景会逐渐增多。企业信息化

① 王永进，匡霞，邵文波. 信息化、企业柔性与产能利用率 [J]. 世界经济，2017（1）：67 – 90.

程度对信息技术促进服务创新有重要的先导性作用①。有 6 个被调查对象认为自己所在企业的信息化程度在 90% 以上。结合问卷第 5 个问题发现，这 6 家企业有 3 家属于信息科技类行业企业，2 家属于加工制造业企业，1 家属于电商行业企业，还有 1 家是教育类服务业企业（有 1 家企业属于加工制造业和信息科技类交叉行业）。有 8 个调查对象认为自己所在企业的信息化程度在 30% 以下。这 8 家企业当中有 5 家属于科技类服务业企业，有 3 家属于信息科技类行业企业，有 2 家属于软硬件开发类行业企业，有 1 家属于教育类服务业企业，有 1 家属于加工制造业企业（有 3 家企业来自交叉行业）。我们发现，信息化程度较高的企业和信息化程度较低的企业，存在来自同一行业的特征，造成这一状况的原因有可能是调查问卷结果是被调查对象的主观判断，而非采用统一的标准进行系统的调查和分析得出的结果。

绝大多数被调查对象认为自己所在的企业已经开始运用信息化手段，且信息化手段得到了企业重视。信息化有助于提高企业效率。调查数据显示，信息化程度较高的企业和信息化程度较低的企业，存在来自同一行业的特征。

（三）人为因素与技术因素比较

调查问卷第 21 题的核心为判断人为因素与技术因素在网络输入风险防范方面的重要性。本题选项包括"人为因素起决定作用""技术因素起决定作用""人为因素与技术因素起同等作用""具体情况具体分析"和"说不清"五个选项。

人为因素是风险防范的重要因素。目前网络和系统仍离不开人为参与，建立良好的人机交互机制，帮助系统接受专家的建议并进行修改和调整，既是未来的发展趋势，又是急需解决的问题②。人为因素如图 7－4 所示。③

一是思想认识。人的行为是影响安全最直接的因素，要使人们有效地

---

① 胡伊，崔鹏. 企业信息化背景下信息技术对服务创新影响的实证研究 [J]. 现代管理科学，2015（9）：100－102.

② 石乐义，刘佳，刘祎豪，等. 网络安全态势感知研究综述 [J]. 计算机工程与应用，2019（24）：1－9.

③ 母元江，王丰. 油库安全系统工程 [M]. 北京：中国石化出版社，2007.

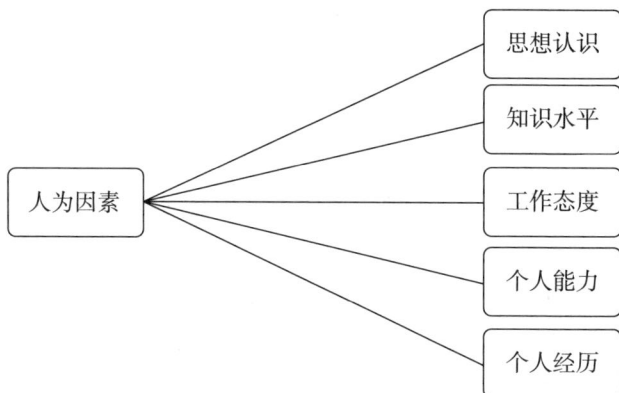

图 7-4　人为因素

工作就要首先了解人，了解人的心理因素、个性、工作动机、工作态度、情绪，然后在此基础上有针对性地进行思想认识教育，才能取得较好效果。

人是网络输入风险防范的关键因素。人既是管理的对象，又是管理的动力；人可能是"风险因素"引起者，也可能是风险因素或行为的管理者。管理者必须认识到在安全管理这个大目标上人的一致性。因此，安全管理工作首先要信任人，要充分发挥人的积极性和能动作用，依靠群众防止少数人的失误及制止他们的犯罪行为[1]。

二是知识水平。人的知识水平取决于人的受教育情况和实际工作经历，受过安全教育的人的事故发生率要比没有受过教育的人少得多。同时，社会实践是人们汲取知识的重要课堂，实践既是认识之源，又受认识的指导。因而，在安全技术知识不足的情况下，工作必然带有盲目性[2]。

企业员工需懂得网络输入风险的基本常识和特点，经常学习技术、网络、信息等方面的新知识，不断丰富自身文化水平和提升判断力。

三是工作态度。雷厉风行、令行禁止，坚守岗位、敢于担当，不论白天、黑夜，不论节假日还是工作日，都能始终自觉执行。

减少操作风险是规避各类风险的首选项，比如避免不必要的差错和事故。为此，企业应建立完善的操作制度和管理制度，多进行员工培训，培养其良好的工作作风，使其遵守规章制度、真诚工作，严格

---

[1]　母元江，王丰. 油库安全系统工程 ［M］. 北京：中国石化出版社，2007.

[2]　同[1].

规范地履行岗位职责，使企业内形成实事求是、敬业尽责的工作氛围和企业文化。

四是个人能力。人的综合分析、判断、记忆能力等是进行判断、工作的基本功能，但这些功能是有限度的，易受环境影响。所谓的功能性失误，即为目标要求超出人的功能极限，或受外界干扰使人体功能满足不了要求而产生的失误。如员工仅凭常识来判断识别网络输入风险，很多时候会出现漏判或者误判。①

为避免由于员工的主观判断带来的差错，企业应设置规范的流程和判断标准，在企业整体管理体系、内控体系、风控体系、表单体系、标准体系中嵌入关于网络输入风险识别和判断的规范，避免人为操作过多导致夹杂主观风险、道德风险、操作风险、法律风险、战略风险等。

五是个人经历。个人的工作和社会阅历会提升一个人的知识水平、认知能力和遇事判断力，尤其是在网络发达的当代，即所谓见多识广。增加员工个人经历的有效手段之一是培训，培训态度、培训知识、培训技能，以此提升员工接受企业文化的程度，培养团队合作精神等。②

随着"大智移云物区"③时代的到来，各种"黑科技"层出不穷，新兴技术使网络安全内涵不断丰富，更具挑战。随着安全防护意识的不断增强以及政策的驱动，网络安全行业的市场规模快速扩大。2014年中央网络安全和信息化领导小组④成立，随后《中华人民共和国网络安全法》等法律法规、政策不断出台，网络安全上升到国家战略层面。与信息安全时代的区别在于网络边界逐渐模糊或消失，仅凭传统的边界安全已不能做到有效防护，防护理念和技术发生了深刻改变，随之而来的趋势是将"人因"与"机因"有机融合。本题选项关注的是在网络输入风险防范方面，"人因"与"机因"哪个更关键。本题的答案均由被调查对象凭主观判断选出，并非采取统一的标准通过系统的调查和分析得出。调查问卷结果统计如表7-4和图7-5所示。

---

① 母元江，王丰. 油库安全系统工程［M］. 北京：中国石化出版社，2007.

② 同①.

③ "大智移云物区"是相关技术的缩写，即大数据、人工智能、移动互联、云计算、物联网、区块链。

④ 2018年3月，根据中共中央印发的《深化党和国家机构改革方案》，将中央网络安全和信息化领导小组改为中国共产党中央网络安全和信息化委员会。

表 7 - 4　　　　　　　　　　　网络输入风险防范关键因素

选项	人数（人）	占样本总数的比例（%）
人为因素起决定作用	7	8.43
技术因素起决定作用	26	31.33
人为因素与技术因素起同等作用	40	48.19
具体情况具体分析	10	12.05
说不清	0	0.00

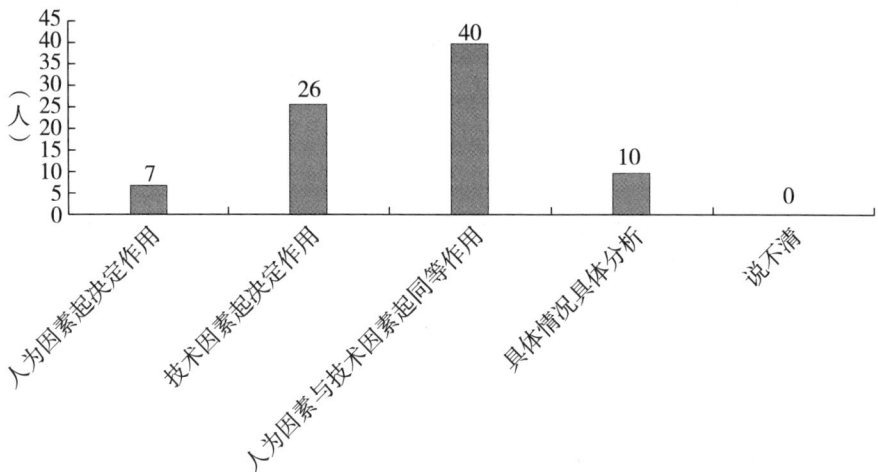

图 7 - 5　网络输入风险防范关键因素

　　调查问卷数据显示，有 40 位被调查者认为人为因素和技术因素起同等作用，占被调查者总人数的 48.19%，接近样本总量的一半。有 26 位被调查者认为技术因素起决定作用，约占被调查者总人数的 31.33%，接近样本总数的 1/3。仅有 7 位被调查者认为人为因素起决定作用，约占被调查者总人数的 8.43%。此外还有 10 位被调查者认为应当具体情况具体分析，这一部分被调查者约占被调查者总人数的 12.05%。

　　在被调查者当中，有 26 位被调查者认为技术因素在网络输入风险的防范方面起决定作用。当前的大众创业、万众创新是主旋律，想要在这个创新的环境当中降低网络输入风险，技术手段也应随之创新。在被调查者当中，约有一半人认为人为因素与技术因素在网络输入风险的防范方面起同等重要的作用。仅通过技术手段无法完全预防网络输入风险，需要对企业员工、供应商以及其他利益相关者进行教育，培养员工的风险防范意识。因此，在网络输入风险的防范方面，人为因素和技术因素均起到了非常重要的作用。在被调查者中，有 10 人选择了具体情况具体分析。这部分被调查者可能认为，不同的企业类型面对的网络输入风险不太一样，因此起决定作用的因素也不一样。在被调查者中，仅有 7 人认为人为因素起决定作用。这些被调查者认为人为因素较技术因素更为重要。

上述问卷数据给我们的提醒是不少企业在网络输入风险防范方面过度依赖技术因素，而当前的技术水平和环境还不允许这样做。一个企业组织是一个复杂的合作系统，技术因素和人为因素彼此合作、互补互控，人的智慧和应变能力是技术因素所无法取代的，至少在可预见的将来还无法做到，因此在规划系统风险防范措施时就要特别注重这一点。

因此，建议企业在应对网络输入风险时高度注重人为因素和技术因素的协同作用。一方面，目前企业风险防范还无法完全脱离人的参与，人为因素不可忽视；另一方面，网络技术不断推陈出新，风险也随之更新，因此在应对措施方面也要注重技术因素。

（四）网络输入风险发展趋势

每天都有媒体描述新技术给人们的生活和工作方式带来的巨大影响。诸如人工智能（AI）和物联网（IoT）等术语正在迅速成为日常用语，而且，有关它们的部署将于未来几年在商业领域占据重要位置。

大数据、云计算、物联网、5G 等新技术，掀起了以数字化转型为特征的后工业时代的革命浪潮。随着网络基础设施的普及和信息技术的进一步发展，新技术驱动的网络风险社会正在形成[①]。网络输入风险会随时出现在企业的周边。企业管理者应对这些风险有深刻的认知，包括风险的大小、风险的可控性以及风险的应对方式等。

问卷中关于企业的网络输入风险发展趋势的问题所包含的选项和收回的数据统计结果如表 7 – 5 和图 7 – 6 所示。

---

①　吴小坤. 新型技术条件下网络信息安全的风险趋势与治理对策［J］. 当代传播，2018（6）：37 – 40.

表 7 - 5   企业网络输入风险的发展趋势

选项	人数（人）	占样本总量的比例（%）
越来越严重	8	10.00
越来越轻微	13	16.00
在可控范围内	42	51.00
有失控的可能	11	13.00
依靠信息技术可以控制风险	24	29.00
依靠人和技术同时作用才可控制风险	40	48.00
主要靠人来控制风险	6	7.00
说不清	1	1.00

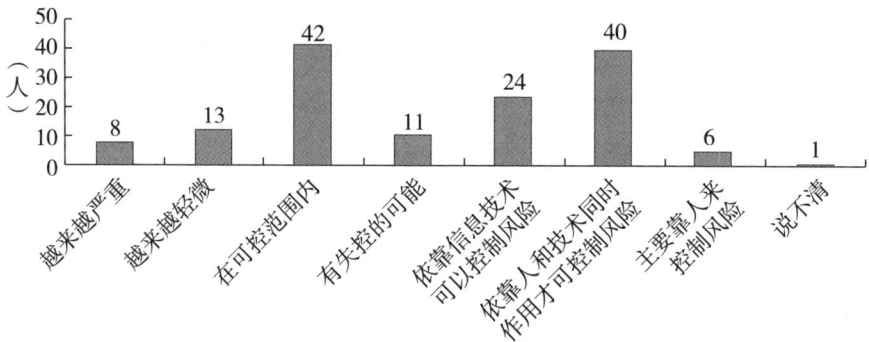

图 7 - 6   企业网络输入风险的发展趋势

本问题分为两部分，前半部分回答的是对于网络输入风险的发展趋势的判断，后半部分回答的是对网络输入风险发展的可控性的判断。约有一半的被调查者认为自己所在企业的网络输入风险在可控范围内，仅有 11 位被调查者认为有失控的可能。未来发展趋势方面，持乐观态度者（认为越来越轻微）多于持悲观态度者（认为越来越严重）。在对网络输入风险的可控性判断方面，有 40 位被调查者认为依靠人和技术同时作用才可控制风险；有 24 位被调查者认为依靠信息技术可以控制风险；仅有 6 位被调查者认为主要靠人来控制风险；此外，还有 1 位被调查者认为说不清。

网络安全逐渐成为人们工作、生活中的不可忽略的话题，在企业中也逐渐占据了举足轻重的位置。人们对网络输入风险的发展趋势整体持乐观态度，有半数以上的被调查者认为风险可控或者越来越轻微。在应对方面，有近半数被调查者认为需要依靠人和技术同时作用才可控制风险，剩余的人中又有一部分人认为依靠信息技术可以控制网络。因此，企业要对网络输入风险有足够的重视，应对方面既要依靠人的力量，也要不断更新技术，达到人机（人因与机因）协同的理想状态。

二、结论与建议

从调查问卷的反馈情况和数据分析可知，绝大多数企业目前对网络输入风险的认知不足，采取的措施数量仅为 2 个到 4 个。在所有措施中，应用较为广泛的措施可以应对多个风险，而非专门针对网络输入风险。绝大多数被调查者认为自己所在的企业已经开始运用信息化手段了，且信息化手段得到了企业的重视。信息化有助于提高企业效率。调查数据显示，信息化程度较高的企业和信息化程度较低的企业，存在来自同一行业的特征，造成这一状况的原因有可能是调查问卷结果是被调查者主观判断的结果，而非采用统一的标准进行系统的调查和分析得出的结果。被调查者当中，有 40 位被调查者认为人的因素与技术因素在网络输入风险的防范方面起同等作用；约有 1/3 的被调查者认为技术因素在网络输入风险的防范方面起决定作用。人们对网络输入风险的发展趋势，有部分被调查者认为风险可控或者越来越轻微。在应对方面，有 40 位被调查者认为需要依靠人和技术同时作用才可控制风险，剩余的被调查者中又有部分人认为依靠信息技术可以控制风险。

建议企业大胆实践，在企业员工培训中加强网络输入风险识别和应对的相关培训；采取"建章立制""成立网络安全委员会""成立风控委员会""董事会中设置网络风险专家委员会"四类措施，提升对网络输入风险的识别和应对能力。企业在应对网络输入风险时，与前面的人机协同设想相呼应。这是因为，一方面，目前企业风险防范还无法完全脱离人的参与，人为因素不可忽视；另一方面，网络技术不断推陈出新，风险也随之更新，因此在应对措施方面也要注重技术因素。企业对网络输入风险应有足够的重视，在应对方面既要依靠人的力量，也要不断更新技术，从而使企业尽可能处于低风险状态。

第八章

风险治理行为分析

据《中国上市公司 2020 年内部控制白皮书》披露，2017 年至 2020 年连续三年的内控评价得出的结论有不少类似之处，最明显的是前十大风险管控薄弱环节基本维持不变，仍然集中于资金密集、资源集中的领域，但是财务报告、组织架构、战略失误等方面的管控问题也不容忽视，同时，制度管理、信息系统领域的管控缺陷也显著增多，平均比 2016 年上升 21%。这样看来，在未来的一段时期，信息化和网络化风险的防控将是企业风险管理的重点。

基于此，本章从企业网络风险管理情况和 IT 治理/企业治理两个方面对样本企业的特征进行分析，具体分为样本企业识别和评价企业总体风险时间的分析、识别和评价企业网络风险时间的分析、风险管理效果评价体系的分析、董事会健全与风险管理委员会设置的分析以及企业信息化（网络化）目标与总体战略一致性的分析，旨在初步统计分析样本企业对风险的识别情况和企业治理的基本环境是否良好，以便更好地进行人机关系评价和建立人机预警机制。

一、样本特征分析

（一）样本企业总体风险识别频率分析

风险是所有企业都有可能面对的。2006 年国务院国有资产监督管理委员会出台的《中央企业全面风险管理指引》将企业风险定义为未来的不确定性对企业实现其经营目标的影响，并将其分为战略风险、财务风险、市场风险、运营风险和法律风险等。风险管理作为企业应对不确定性的重要手段，主要依托于企业的内部控制，主要步骤包括风险识别、风险评估、风险应对和风险管理效果评价等。风险管理的第一步便是风险识别，风险识别是整个风险管理过程的基础。具体来讲，风险识别是指查找各业务模块和各重要的项目活动中是否存在风险，存在的风险有哪些类型，影响因素可能是什么。只有正确识别企业所面临的风险，企业管理层才能主动选择适当的应对措施进行处理。

对于不同的风险，企业可能采用不同的识别和评估模式，如对于日常流程中的操作风险，企业会定期进行识别审查；对于市场风险，企业会不定期地进行审查，若遇到突发的市场状况，企业会进一步定性、定量评估风险程度；对于企业战略层级的风险，企业通常会以半年或一年作为周期，整体性地评估周期内及以后可能存在的风险。当前，这样的风险识别模式更多地应用于项目管理及各职能部门管理中。而本书的研究对象为网络依赖型企业，其最大的特点为核心业务中有一半以上产值必须依赖互联网才能完成，对网络风险的识别是重中之重。网络风险管理的目标是保护企业的信息系统免受损害，从而保证企业目标的实现，最终落脚点在于实现企业整体目标①。因此，基于此目的，本研究统计分析了企业在识别和审查总体风险时的频率，以便判断其管理效率或态度，统计结果如表 8 - 1 和图 8 - 1 所示。

表 8 - 1 　　　　　　　　　企业总体风险的识别和审查时间

企业总体风险的识别和审查时间	企业数量（家）
每月一次	15
每两个月一次	21
每季度一次	31
每半年一次	11
每年一次	5
不定期	0
没做过	0
合计	83

---

① 毕秀玲，刘延芳. COSO 新内部控制框架视角下的网络风险管理［J］. 财务与会计，2016（2）：58 - 60.

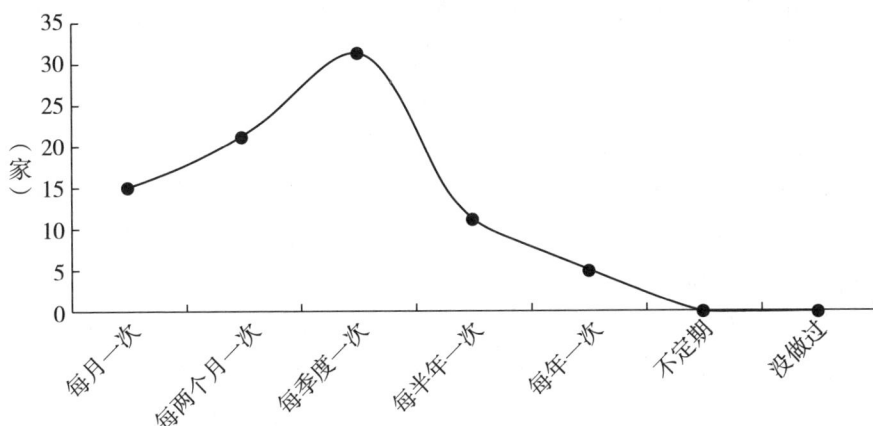

图 8 - 1　企业总体风险的识别和审查时间分布

　　本研究根据企业实际情况，将企业总体风险的识别和审查时间分为七类，分别是每月一次、每两个月一次、每季度一次、每半年一次、每年一次、不定期和没做过。从表 8 - 1 中可以看出，本研究调查的所有样本企业均对企业总体风险进行了识别，且识别的时间频率均为定期。这可以说明样本企业对自身的总体风险比较重视且有定期审查的相关制度。

　　进一步分析来看，超过 75% 的企业对自身总体风险的识别是以月或季度为周期来进行的，这表明绝大部分企业在一个会计年度内会有多次识别和审查企业总体风险的机会，意味着其对识别出的风险采取的控制活动可能较多，对风险的把控也会更加严格，在此模式下，企业对总体风险的应对会更加迅速、及时。

　　并且，从图 8 - 1 中可以看出，定期识别企业总体风险模式中，每季度进行一次风险的识别和审查的企业是最多的，其原因可能有两点。一是因为绝大部分企业在一个会计年度内是以季度为基本周期进行信息披露的，按季度进行风险识别和审查更加契合企业的信息披露规则。根据中国证监会的规定，在中国境内上市的公司需要披露的定期报告包括年度报告、中期报告和季度报告，因此，企业按季度对本企业的总体风险情况进行识别分析可以与企业季度报告的披露相结合，有助于形成定期、规律的风险管理制度。二是相比每月一次和每两个月一次的风险识别活动，按季度识别和审查风险能够降低企业的风险管理成本，同时也能保持合理的定期风险识别活动。

　　此外，在调查研究中也发现，不同员工规模的企业，识别和审查企业总体风险的时间也是有所区别的，如表 8-2 和图 8-2 所示。在员工规模为 1000 人以上的企业中，采用每月一次、每两个月一次和每季度一次的风险识别模式更加普遍，而员工规模为 1000 人以下的企业则较少选用每月一次和每两个月一次的风险识别模式。本书认为，员工规模较小的企业可能不会单独设立风险管理部门或是类似的部门，而是将相关职能依附在其他部门下。因为风险管理部门对于大部分企业来说属于成本中心，员工规模较小的企业单独设立风险管理部门，并较为频繁地进行风险识别和审查不符合成本效益原则，且员工规模较小的企业的治理层通常部分或全部参与到企业管理中，风险识别、内审内控等可能不具备审查的独立性，这也使小企业在风险识别方面的意识或动机可能较弱，进而可能影响到企业对风险的控制。同时，管理层在识别总体风险时，不仅要考虑纯粹风险发生的可能性，还要兼顾企业的整体发展，以大局意识来识别总体风险。因此，不同规模、不同目的、不同阶段的企业，识别和审查其总体风险的频率是存在差异的。

表 8-2　　　　　企业规模与总体风险识别和审查时间交叉分析　　　　单位：家

员工规模	总体风险识别和审查时间				
	每月一次	每两个月一次	每季度一次	每半年一次	每年一次
30001～50000 人	2	1	1	0	0
10001～30000 人	0	2	3	2	0
5001～10000 人	2	8	9	1	1
1001～5000 人	9	9	11	2	0
501～1000 人	0	1	2	2	3
101～500 人	2	0	4	3	1
100 人以下	0	0	1	0	0
总计	15	21	31	11	5

　　综上所述，本书所调查的样本企业均对企业总体风险识别和审查有相关的支持制度，其差异具体体现在风险识别频率上。我国上市公司实施的《企业内部控制基本规范》第二十条要求，企业应当根据设定的控制目标，

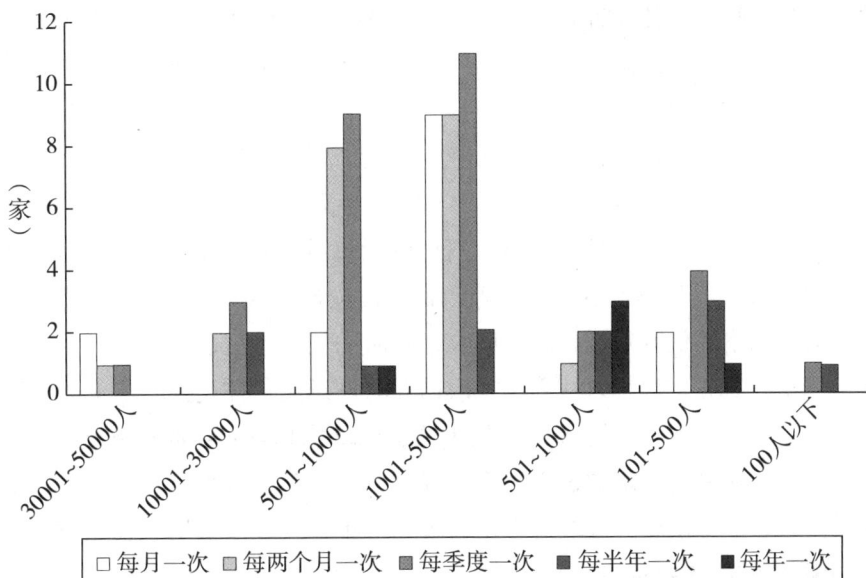

图8-2 企业规模与总体风险识别和审查时间交叉分析

全面系统持续地收集相关信息，结合实际情况，及时进行风险评估。并没有对风险评估的频率做具体要求。并且，企业风险管理要求实体要有风险组合观，互相关联的风险管理者以实体层面的组合观识别关联风险并依其行动，以把全部风险控制在实体的风险偏好之内①。因此，企业在考虑成本效益原则和及时原则的情况下，可以根据自身规模、所处生命周期以及各种风险发生的可能性，采取适当的风险识别模式来审查企业层面的总体风险。

（二）识别和评价网络风险分析

随着互联网、物联网等技术的发展，计算机网络被越来越多地应用到企业中，这使企业逐渐形成了网络化生态环境，企业也变得更加依赖网络生态环境。在网络化生态环境中，企业总体风险的形成机理、表现形式都已发生较大变化，传统风险管理模式的局限性开始凸显，不仅无法有效管理网络化生态环境下的新生风险，甚至对原有风险的管理也因各类新旧风

---

① 陈丽蓉．浅议企业风险管理整体框架［J］．会计之友，2005（06B）：90.

险的叠加、扩散、传染而面临失败的可能①。在这种情况下，最为关键的一步便是做好网络风险的识别工作，这样才能为接下来的风险控制和效果评价打好基础。

网络风险不仅包括使用信息和通信技术带来的数据完整性、稳定性、可用性风险，还包括意外事件发生，业务中断及关键基础设施崩溃从而造成的财产损失等风险。具体来讲，网络风险包括病毒入侵、黑客攻击、数据的拦截和窃听及个人不当操作等，其原因包含"人因"和"机因"，并且企业对网络的依赖程度越高，风险来临时的损失也就越大，会导致业务被迫停止，财务数据难以核算，并借助互联网迅速传播蔓延，演变为威胁整个网络生态系统的全局风险。本书调查了83家样本企业的网络风险识别情况，将企业网络风险的识别和审查时间分为七类，分别是每月一次、每两个月一次、每季度一次、每半年一次、每年一次、不定期和没做过，统计结果如表8-3所示。

表8-3 企业网络风险识别和审查时间

企业总体风险识别和审查时间	企业数量（家）
每月一次	15
每两个月一次	16
每季度一次	31
每半年一次	13
每年一次	2
不定期	5
没做过	1
合计	83

从表8-3中可以看出，本研究调查的样本企业中除1家没做过企业网络风险识别和审查外，其余82家企业均有定期或不定期的网络风险识别和审查措施，说明所调查的样本企业有不同程度的网络依赖性，或多或少地存在网络风险，同时也基本能够认识到当前网络化生态环境中识别和审查风险的重要性。值得关注的是，在对网络风险进行识别和审查的企业中，

① 吴有红，潘爱玲. 网络化生态环境中集团风险管理模式及其实施［J］. 中南财经政法大学学报，2010（5）：135－140.

有 5 家企业是不定期地进行风险识别和审查的。本书认为，不定期地识别和审查网络风险可能是因为其对网络的依赖程度低，或当网络连接出现意外时，受到的损失较小，只有当企业预期会增加对网络的依赖时，才会主动识别和审查网络风险。

本书将定期识别和审查企业网络风险的分布情况做了进一步分析，如图 8 - 3 所示。从图中可以看出，超过 1/3 的样本企业采用的是每季度一次的识别方式，采用每月一次、每两个月一次和每半年一次的风险识别和审查方式的企业占比相差不大，而采用每年一次的方式的企业占比约为 2.4%。与图 8 - 1 相对比可以得出相似的结论，即按季度进行风险识别和审查较为契合企业的信息披露规则，同时，企业将季度报告的形成和披露与识别和审查企业的网络风险相结合，可以形成良好的风险管理机制和内部控制制度；而每月一次和每两个月一次的网络风险识别和审查模式会增加企业的管理成本，不符合成本效益原则；而每年一次的网络风险识别和审查模式则适用于规模较小的企业或是网络依赖程度较低的企业。

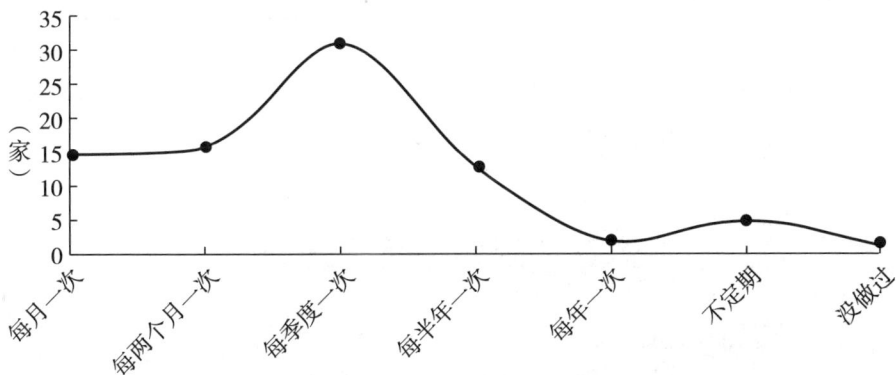

图 8 - 3　企业网络风险定期识别和审查分布

因为网络风险不同于操作风险、财务风险等普遍存在于各种企业的风险，其取决于企业的信息化程度和网络依赖程度，所以网络投入较高的企业往往意味着网络依赖程度较高，发生网络风险的可能性也就越大，相应地，网络风险识别和审查也更频繁。

如表 8 - 4 和图 8 - 4 所示，在网络维护费占总收入的比例为 2% 以下、2% ~ 5% 和 6% ~ 10% 的企业中，采用更多的是每季度一次的网络风险识别和审查方式，这也进一步印证了按季度进行风险识别和审查比较符合企业的风险管理模式和信息披露流程。在网络维护费占总收入的比例为2%以下的企业中，每月一次和每两个月一次进行网络风险识别和审查的企业共有11家，占比约为34%，而这在网络维护费占总收入的比例为6%～10%的企业中则达到了50%，这也一定程度上表明企业对网络维护投入越多，对网络风险的重视程度也就越高。

表8-4　　企业网络维护费占总收入的比例与网络风险识别和审查时间交叉分析

单位：家

维护费占比	网络风险识别和审查时间						
	每月一次	每两个月一次	每季度一次	每半年一次	每年一次	不定期	没做过
2%以下	7	4	11	4	2	3	1
2%～5%	5	6	13	9	0	1	0
6%～10%	3	5	7	0	0	1	0
总计	15	16	31	13	2	5	1

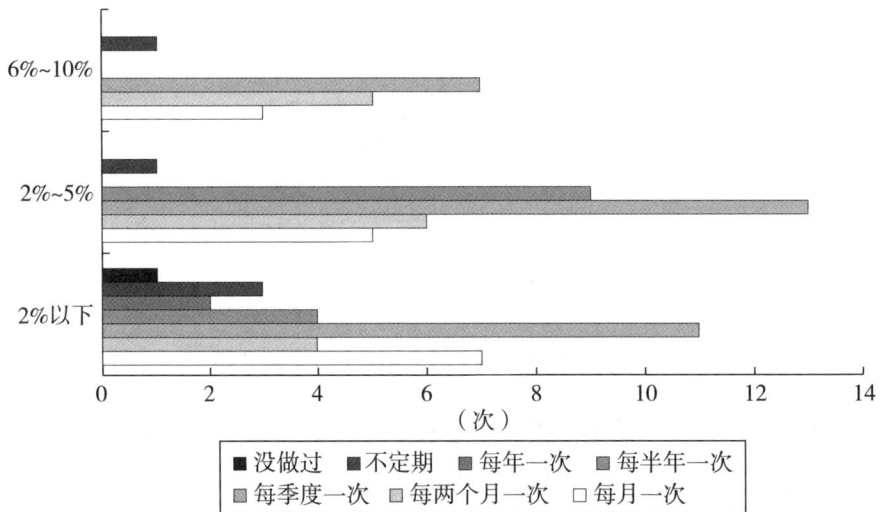

图8-4　企业网络维护费占总收入的比例与网络风险识别和审查时间交叉分析

此外，对网络风险的重视程度不仅取决于企业规模和网络维护投入，还与企业所在行业有关。相较于传统的制造业，高新技术企业作为国民经济中科技含量较高的企业，在信息化建设方面始终领先于其他行业的企业，因而高新技术企业也就成为信息化风险的影响对象①。而随着"互联网＋"的常态化，金融业成为继高新技术业之后又一个向移动化、数字化和智能化发展的行业，并且由于金融业本身的高风险性和公众利益属性，其网络风险的识别和防范不容忽视，特别是《中华人民共和国网络安全法》和《中国金融业信息技术"十三五"发展规划》的实施，对新形势下做好金融网络安全保障工作提出了工作目标，也对数据保护、安全建设提出了更高的要求。

综上所述，信息技术和网络技术在不断进步并已经在许多企业中普及，一方面，这些技术对企业的传统经营方式、管理流程起到了优化、变革等积极作用，提升了整体发展效率；另一方面，也将企业根植于更加开放、广阔和虚拟的运营空间。在这种环境下，企业可能过分依赖网络手段，将风险暴露于网络之中，风险会迅速在网络中蔓延传播，造成严重后果。因此，企业对自身网络风险的认识和识别至关重要。就本研究所调查的样本企业而言，基本上对企业的网络风险进行了识别和审查，但由于企业的规模、网络依赖程度和所处行业不同，对网络风险的关注也存在差异。长远来看，未来信息化和网络化的程度会越来越高，企业在顺应时代潮流的同时，也应加强对网络风险的识别和审查，尽可能降低网络风险蔓延对市场造成的不利影响。

（三）风险管理效果评价体系分析

在现代企业风险管理体系中，风险管理效果的评价是重要的组成部分。风险管理贯穿于企业的各个经营环节之中，而风险管理效果评价则是企业风险管理制度深入贯彻实施的执行者和推动者。通常情况下，风险管理效果评价体系可以分为两方面：其一为风险管理设计有效性评价，即评价风险管理的设计是否健全，能否覆盖各个业务和事项以及所耗费的成本与取得的收益是否匹配等；其二为风险管理运行有效性评价，即评价经营的效率和效果、企业遵守法律法规情况、信息数据的可靠性以及战略目标实现情况等。前者是对整个风险管理过程的评价，后者是对风险管理结果的评价，二者相结合构成了整个风险管理效果的评价体系。

---

① 闫华红，包楠. 浅析高新技术企业信息化风险及控制［J］. 会计之友，2012（18）：78－80.

　　风险管理效果的评价本身并不是目的，它仅仅是实现企业各种奋斗目标的手段与途径，并不能独立于风险管理活动而存在，而是企业风险管理过程的推动器，对企业风险管理活动做出监控，评估风险管理要素的内容合理性及运行有效性，从而帮助企业优化风险管理活动，达到以评促建的目的。因此，只有将评价工作做好，后续的风险管理效果反馈和风险管理过程的整改才能做好。

　　为了解企业的风险管理效果评价体系的运行状态，本研究对 83 家样本企业进行了统计，统计结果如表 8-5 所示。将企业是否存在风险管理效果评价体系及运行状况分为五类，分别为不存在、存在但不清楚具体内容、存在但运行不理想、存在并运行良好和说不清。由表可见，83 家样本企业中说不清企业是否存在风险管理效果评价体系的数量为 0，存在风险管理效果评价体系的共有 82 家企业，其中 6 家企业不清楚具体内容，29 家企业的被调查者认为风险管理效果评价体系运行不理想，47 家企业的被调查者认为该评价体系运行状况良好。总体来说，所有的样本企业的被调查者对本企业的风险管理基本状况都有一定了解，没有说不清是否存在风险管理效果评价体系的情况。

表 8-5　　　　　　　　　　企业风险管理效果评价体系调查

企业是否存在风险管理效果评价体系	企业数量（家）
不存在	1
存在但不清楚具体内容	6
存在但运行不理想	29
存在并运行良好	47
说不清	0
合计	83

　　进一步分析，83 家样本企业中，仅有 1 家企业的被调查者表明不存在企业风险管理效果评价体系，结合之前的调查问题来看，该企业对企业总体风险和网络风险的识别和审查时间均为每年一次，风险识别频率较低，由此可能导致风险控制活动较少，从而使风险管理效果评价的周期较长、反应较慢，以致该企业的被调查者无法准确判断是否存在风险管理效果评

价体系及具体运行状况，因此，本书的研究判断该企业的风险管理活动存在一定的问题。剩余的 82 家企业虽然存在风险管理效果评价体系，但运行状态有好有坏，如图8 – 5所示，只有约 56.63% 的企业的被调查者认为企业当前的风险管理效果评价体系运行良好，而约 34.94% 的企业的被调查者表明现存的风险管理效果评价体系的运行状态并不理想，甚至约有7.23% 的企业的被调查者不清楚评价体系的具体内容。

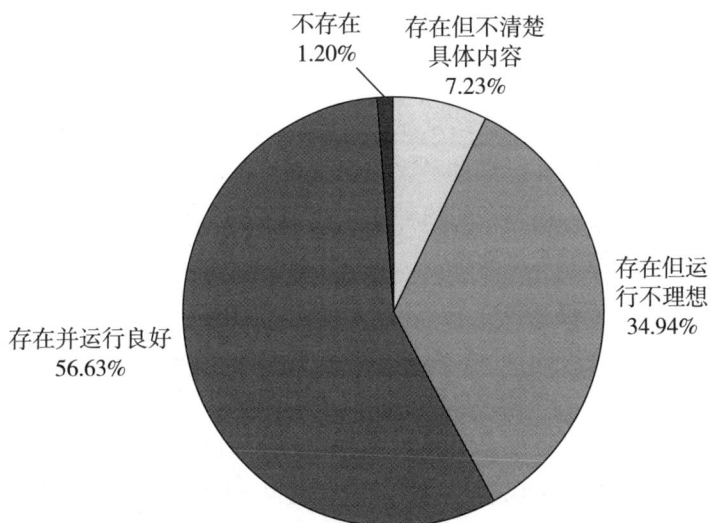

图8 – 5　企业风险管理效果评价体系调查

企业风险管理效果评价的过程主要是先广泛地收集风险管理过程中生成的信息，然后对其设计有效性和运行有效性做出合理评价，因此，本书认为其运行不理想的原因可能有以下两点。

一是风险管理过程中生成的信息无法收集或不完整。在传统的风险管理体系中，风险管理过程中生成的信息包括人工控制和事后偏差纠正所产生的各种文件，而随着信息化、网络化时代的到来，系统控制逐渐取代了手工控制，电子信息成为主流的信息储存方式，在这种情况下，如果风险控制活动在系统中没有留下痕迹或者无法获取或无法科学有效地利用海量的数据，那就导致后续的评价活动无法进行。

二是评价方法存在缺陷或无法适应当前环境。大数据时代的来临使风险管理的重心已从事后偏差纠正转变为事前预警和事中实时反馈，在这种风险管理模式下，每时每刻都可能会产生风险控制活动，而一些企业信息化、网络化进程较快，网络风险敞口变大，传统的风险管理效果评价体系的发展速度可能跟不上企业信息化和网络化的速度，无法适应信息时代的风险管理活动，导致风险管理效果评价体系运行不理想。

而对于表示存在风险管理效果评价体系却不清楚其具体内容的7.23%的样本企业来说，本书认为这些企业在治理上存在一定的问题，因为不论风险管理效果评价体系运行是否有效，管理层和治理层作为企业战略实施的最高层、风险管理制度的制定者，首先应该对企业整个风险管理体系有充分的了解，倘若不清楚其具体内容，对风险管理进行评价、反馈和整改就显得毫无意义。

综上所述，本研究调查结果显示，除1家样本企业表示不存在风险管理效果评价体系外，其余超过半数的企业表示本企业存在风险管理效果评价体系且运行良好，而剩余的约43%的企业虽然承认该体系存在，却认为运行不理想或不清楚具体内容，这表现出部分企业的控制环境薄弱且在企业治理上存在一定的模糊认识。本书认为，风险管理效果评价体系是推动整个风险管理活动良好运行的重要环节，那些不清楚其具体内容的企业应加强企业治理，从企业层面重视风险管理效果的评价，这样才能保证整体风险管理闭环的良好运行，而那些认为本企业风险管理效果评价体系运行不理想的企业，应根据现存问题，结合信息化和网络化手段，构建严谨完善的评价体系，并科学运用评价方法进一步完善风险管理活动。

（四）董事会是否健全与风险管理委员会设置分析

调查问卷第29题研究企业董事会是否健全以及是否设置专门的风险管理委员会或类似机构，以此来分析样本企业是否有良好的企业治理。企业治理的概念最早是在20世纪80年代提出的，但企业治理问题的出现要早很多，这些问题主要是因为委托代理方面的问题产生的，而企业内部控制及风险管理的发展演变也与委托代理关系紧密联系。同时，风险管理也是企业治理的核心之一，从企业治理系统的目标来看，企业治理系统要解决的问题是由代理问题引起的逆向选择与道德风险及由决策失误所产生的战略风险和经营风险[1]。因此，健全企业治理是有效管控企业风险管理的重

---

① 黄亿红，何宜庆，梁国萍. 基于系统演进的内部控制、公司治理及风险管理互动探讨 [J]. 财会通讯，2013（16）：103-105.

要前提。

　　著名学者吴敬琏认为，企业治理是由股东大会、董事会和高层管理人员组成的组织结构[1]，在这种结构中，董事会由股东大会选举产生，可以视为企业的权力机构的执行机构，有时也被称为管理委员会或执行委员会。而风险管理作为一项系统性、结构性工程，需要企业决策层给予充分的重视，应当由最高层自上而下从战略上把控，从全局观看待和处理企业面临的风险问题[2]，因此，董事会作为风险管理制度的制定者和战略层次的实施者，应对其负主要责任。可见，本问题研究分析企业董事会是否健全是有必要的。

　　如表8-6所示，根据企业董事会是否健全及是否设置风险管理委员会，将选项分为健全，已设置；健全，没设置；不健全；说不清。从表中可以看出，除2家企业认为不健全和2家企业说不清外，剩余的79家企业表示企业董事会是健全的，本书认为这样的企业治理基础较为良好。因为企业的组织结构包括董事会、管理层和员工，其风险管理制度是由人制定和实施的，是人建立了企业的战略、使命、愿景和目标，并适当地运用企业风险管理机制。相应地，企业风险管理会影响到人的行为，影响人们对风险的识别、评估及反应。在员工进行业务活动和风险管理以及企业的战略和目标之间，存在着清晰而紧密的联系，尽管董事会主要是进行监督管理，但也会为企业指引方向并批准战略和特定的业务。这样看来，董事会就是企业治理和风险管理中的重要组织。

表8-6　　企业董事会是否健全与风险管理委员会设置情况调查

董事会是否健全与风险管理委员会设置情况	企业数量（家）
健全，已设置	54
健全，没设置	25
不健全	2
说不清	2
合计	83

---

① 吴敬琏. 现代公司与企业改革 ［M］. 天津：天津人民出版社，1994.
② 林琳. 上市公司风险管理制度评析 ［J］. 会计之友，2016（8）：72-74.

对董事会健全的 79 家企业进一步分析，结果如图 8 - 6 所示，约有 31.65％ 的企业设置了专门的风险管理委员会或类似机构。从风险管理的责任层级来看，通常董事会为第一责任层级，即风险管理制度的制定者和监督者；风险管理委员会为第二责任层级，直接负责风险管理制度的实施并向董事会报告；风险管理部门为第三责任层级，独立于其他部门，直接向专管风险的风险管理委员会或类似机构负责；各职能部门为第四责任层级，负责实施本部门的风险管理活动。有学者对上市公司进行调查发现，一些企业的风险管理内设机构名称存在较大差异，比如风险管理领导小组、风险管理部、内部控制与风险管理部、审计与风险管理部等，其职能皆与风险管理专业委员会的相对应[①]。本书认为，专门设置风险管理委员会或类似机构的企业治理比较完善，对风险管理也更加重视，企业的经营效率也可能更高。因为如果企业内部没有设置专门的风险管理委员会，则风险管理的监督和实施职能可能会压缩到其他部门，可能导致机构重叠、部门职能出现交叉或缺失，这就间接造成了风险管理的重复识别、过度关注、资源浪费。同时，机构设置不完善也会使沟通协作效率低下，权责分配不合理，变相增加了风险管理的负担。

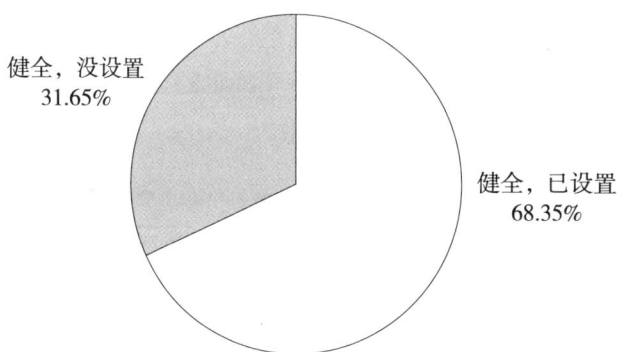

图 8 - 6　企业董事会是否健全及风险管理委员会设置情况

对于董事会不健全以及说不清状况的 4 家企业，本书也进行了分析，结果显示这 4 家企业均为民营企业和非上市公司，且 2 家说不清状况的企业的收入规模较小，员工总人数也较少，如表 8 - 7 所示。相比国有企业、

---

① 曾雪云，邬敏，王雅坤．我国上市公司风险管理机构设置与信息披露现状及改进建议 [J]．财务与会计，2014（12）：32 - 33.

外资企业和上市公司，此类企业多为合伙成立或家族企业，股权结构相对集中，治理层可能全部参与企业管理，董事会概念模糊，无法发挥其作用，并且也不受中国证监会或国资委的监督管理，因此对风险管理重视程度不足，造成了董事会不健全及说不清状况的情形。

表 8 – 7 　　　　　　　　　董事会不健全及说不清状况的企业

样本企业	企业类型	是否为上市公司	收入规模	企业员工总人数	董事会是否健全及风险委员会设置情况
13	民营企业	非上市	1000 亿元以上	10001 ~ 30000 人	不健全
77	民营企业	非上市	10 亿 ~ <50 亿元	10001 ~ 30000 人	不健全
21	民营企业	非上市	500 万 ~ <3000 万元	100 人以下	说不清
81	民营企业	两年内拟上市	500 万 ~ <3000 万元	501 ~ 1000 人	说不清

综上所述，本研究所调查的绝大部分样本企业有健全的董事会，企业治理情况良好。其中约 31. 65% 的企业设置了专门的风险管理委员会或类似机构，这体现出企业对风险管理的重视。此外，有 4 家表示董事会不健全或说不清状况，本书认为可能因为其属于非上市的民营企业，股权结构相对集中且监管不到位，董事会没有发挥积极的作用，这些企业的董事会治理机制有待进一步完善。

（五）信息化目标与总体战略一致性分析

美国反虚假财务报告委员会的发起组织（以下简称"COSO"）于 2017 年发布的新版企业风险管理框架（以下简称"新框架"）重新定义了风险和风险管理，强调了制定战略的重要性。新框架的风险管理八大要素中的目标设定提出，企业风险管理就是提供给管理者一个适当的过程，既制定企业目标，又将目标与过程和任务联系在一起，并且这些目标还与企业的风险偏好相匹配。

COSO 对风险管理的定义是企业的董事会、管理层和其他员工共同参与的一个过程，应用于企业的战略制定和企业的各个部门与各项经营活动中，用于确认可能影响企业的潜在事项并在其风险偏好范围内管理风险，为企业目标的实现提供合理的保证。可见，虽然本研究是对企业网络风险进行相关的研究，但风险管理是由战略层面开始并贯穿于整个企业的一个过程，且对于网络依赖型企业来说，最大的特点是对网络的依赖性强和信息化程度高，这种网络依赖性主要体现在其业务模式上，如电子商务、互联网金融、媒体游戏和高科技创新等。在这种业务模式下，企业的战略级、业务级和职能级的目标都是围绕信息技术或网络发展设定的。因此，此类企业不仅要重视网络风险的识别和审查，更应该从战略层级重视信息技术或网络的发展。调查问卷第27题基于此目的，对83家样本企业进行了企业信息化（网络化）目标与总体战略一致性的调查研究。

本研究将企业信息化（网络化）目标与企业总体战略一致性分为三类，分别是相一致、不一致和说不清。如表8-8所示，统计结果显示，认为本企业信息化（网络化）目标与企业总体战略相一致的企业有74家，认为不一致的有9家，说不清二者是否一致的企业数量为0。通常情况下，企业的总体战略是依据具体目标来制定的，倘若管理者对企业的信息化（网络化）目标和总体战略的一致性说不清楚，那表明该企业在治理方面可能存在严重的问题，这样的企业可能也无法进行有效的风险管理活动。而本研究的调查结果表明，样本企业均对自身的信息化（网络化）目标有一定的认识，同时也有明确的总体战略，无论信息化（网络化）目标与总体战略是否一致。因此，本书认为样本企业有良好的企业治理行为，这为其进行网络风险和总体风险识别与审查打下了坚实的基础。

表8-8　　企业信息化（网络化）目标与企业总体战略一致性

企业信息化（网络化）目标与企业总体战略是否一致	企业数量（家）
相一致	74
不一致	9
说不清	0
合计	83

进一步分析，样本企业中约89.16%的企业认为本企业信息化（网络化）目标与企业总体战略是一致的，只有约10.84%的企业认为是不一致的，如图8-7所示。美国哈佛大学的迈克尔·波特教授将企业战略定义为组织为之奋斗的一些终点与企业为达到它们而寻求的途径的结合物。对于电子商务、互联网金融、媒体游戏和高科技创新等企业来说，业务模式部

分或完全以互联网为基础和依托，自身信息化或是网络化的程度会对业务产生重大影响，将信息化（网络化）目标与总体战略相结合体现了传统观念中的企业战略的计划性、全局性和整体性。而在现代观念中，加拿大麦吉尔大学教授亨利·明茨伯格认为，在生产经营活动中的不同场合，企业战略的内涵是不同的，他提出战略有五种内涵，即计划（Plan）、计策（Ploy）、模式（Pattern）、定位（Position）和观念（Perspective）。信息化（网络化）作为现代社会中发展迅速、风险与机会并存的技术手段，管理层可以将其当作一种计策、模式或是观念，将信息化（网络化）目标融入企业总体战略和各业务与职能战略中，这就体现了战略的应变性、竞争性和风险性。所以，无论在哪种观念下，将信息化（网络化）目标与企业总体战略协调一致都是合理的。由此本书认为，信息化（网络化）目标与企业总体战略相一致的企业，在企业发展上有清晰的目标和战略部署，这有利于企业做好各种风险的识别工作。

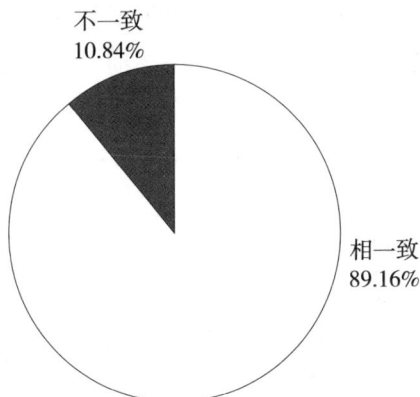

不一致
10.84%

相一致
89.16%

图 8 - 7　企业信息化（网络化）目标与企业总体战略一致性

同时，本研究也注意到，约 10.84% 的样本企业认为本企业的信息化（网络化）目标与企业总体战略是不一致的，这可能是因为企业的信息化（网络化）是基于某种特殊目的的，而非基于企业总体战略的实施。人们普遍认为企业的战略可分为三个层次：总体战略、业务单位战略和职能战略。企业目标可分为四个层次：战略目标、经营目标、报告目标和合法目标。除合法目标外，企业的各层次战略和其目标通常是一一对应的。企业目标的这种分类可以使企业的管理者和董事会注意企业风险管理的不同方面，同时还可以区分企业不同类别目标之间的区别，并且这些目标可能既相互独立又相互联系，如特定的信息化（网络化）目标可能不仅属于战略目标，还可能属于经营目标或报告目标。如果企业仅针对部分经营业务或是某类报告流程提出信息化（网络化）需求，则基于这种情况的目标可能并不会与企业总体战略保持一致。因此，本书认为上述 10.84% 的样本企业认为企业信息化（网络化）目标与企业总体战略不一致也存在其合理性。

综上所述，就本问卷所调查的结果来看，所有的样本企业均对本企业的信息化（网络化）目标是否与企业总体战略一致有着明确的认识，说明样本企业在企业治理方面有良好的基础。其中约 89.16% 的企业认为其信息化（网络化）目标与企业总体战略一致，虽然有少部分企业的反馈结果表明其信息化（网络化）目标与企业总体战略不一致，但这并不代表其信息化（网络化）目标与总体战略是相悖的，有可能是因为信息化（网络化）只是针对业务层级或是职能部门的某些业务流程，尚未上升到企业整体层面。因此，企业在制定总体战略时要根据自身的目标充分考虑各层级的风险，管理层在进行有意义的风险评估之前必须确立目标，针对不同的目标分析相应的风险，并且拥有一套能将企业目标与企业使命紧密联系并与企业风险容忍度和风险偏好相一致的制定目标的流程。①

二、结论与建议

综合上述分析结果可以得出如下结论：第一，样本企业均会定期或不定期地识别和审查企业的总体风险，而识别风险的频率存在差异，大多数企业会以一个季度为周期对企业总体风险进行识别和审查；第二，由于规模、网络依赖程度和所处行业不同，企业对本企业网络风险的识别和审查时间也不同，但大部分企业是以每季度一次的频率进行网络风险识别的；第三，除 1 家企业外，其余 82 家企业表示本企业存在风险管理效果评价体系，但其中只有约 56.63% 的企业认为该体系运行有效；第四，绝大部分样本企业有健全的董事会，并且其中约有 68.35% 的企业设置了专门的风险管理委员会或类似机构；第五，对于企业信息化（网络化）目标与总体

① 宋怡萱，张翮. COSO 企业风险管理整体框架解析［J］. 财会通讯学术版，2006（3）：56－58.

战略的一致性，约 89.16% 的样本企业认为二者是一致的，虽有约 10.84% 的企业持相反态度，但本书认为，由于企业行业、战略和目标不同，这种不一致也是有合理性的。

　　根据本章分析可知，企业风险管理可以降低一个经济组织实现其目标及在实现目标的过程中的不确定性，企业应重视整个风险管理活动。而作为网络依赖型企业，一方面，在充分考虑本企业所在行业、生命周期和目标及战略的基础上，要保证合理的企业总体风险和网络风险识别和审查频率，建立科学的风险管理效果评价体系；另一方面，在企业治理上，要建立健全董事会制度并设置专门的风险管理委员会，同时，还要协调好企业信息化（网络化）目标与企业总体战略的一致性问题，营造良好的企业治理环境，为识别和控制网络风险打好基础。

第九章

人机因素风险治理分析

网络依赖型企业具有极强的网络依赖性，需要借助网络系统开展核心业务，因而企业需要建立针对网络风险的专门的内控体系对网络风险予以控制，降低企业风险水平，实现自身的可持续健康发展。内部控制包括控制环境、风险评估、控制活动、信息与沟通和监督五个相互联系的要素。控制环境是推动控制工作的发动机，是所有其他内控组成部分的基础，它奠定组织的风纪和结构，并且涉及所有活动的核心——人[1]。

本章从管理层风险态度、人机关系状态和网络伦理或数字化道德制度建设三个角度出发，对样本企业的控制环境进行初步认识，并进一步了解样本企业针对网络风险的内控体系建设情况，旨在初步认识样本企业发生内部风险的可能性、风险扩散的可能性和影响程度，以便更好地帮助企业对自身的人机关系进行准确评价，并据此建立相应的人机预警机制，实现网络技术硬因素与人治环境软因素的有机融合。

一、企业控制环境相关情况分析

对控制环境的了解是本次调研的重点之一，因为内部控制环境对内控体系的运行效果起至关重要的作用，完善、合理的内控环境有利于内控体系功能的发挥，会在各方面促进内控体系设计完整、运行有效、持续完善、相互配合、协同发力。相反，不好的内控环境则制约内控要素的协同，因管理者或其他人为因素导致内控体系形同虚设、形式主义、制度和运行"两张皮"现象泛滥。所以，这里进行了内控环境以及延伸情况的调查。

---

[1] 刘静，李竹梅. 内部控制环境的探讨 [J]. 会计研究，2005（2）：73 – 75.

（一）样本企业管理层风险态度分析

在经济学领域，管理层是指在企业或组织机构内部处于管理岗位、负有管理责任的团体或人员。两权分离理论认为，所有者对于自己拥有的资产不自己管理运作，而是委托他人完成管理运作任务，这使拥有专门管理知识并独占了专门经营信息的经理实际上掌握了企业的控制权，对企业行为产生重大影响。因此，管理层对风险的重视程度会极大地影响企业整体对待风险的态度，从而影响企业的风险管控能力。

在本次调查中，使用企业董事会或管理层对企业风险议题的讨论频率来衡量管理层的风险重视程度。本书认为，较高的风险议题讨论频率反映了管理层对风险的高度重视，企业会采取更多的措施去识别和应对风险，使发生风险的可能性降低。例如，COSO 最新的报告中明示了内部控制是企业风险管理不可分割的一部分，而管理层重视与否是影响内部控制有效性的关键因素。内部控制体系的构建涉及企业业务和管理流程的梳理、优化和重新设计，这会导致企业内部权利和责任的重新分配，只有管理层高度重视风险，才会积极支持构建过程，并最终对内控效果产生间接影响①。

因此，本研究根据企业董事会或管理层是否讨论过企业风险议题对样本企业进行划分，主要目的有三个。第一，初步认识样本企业是否有风险概念。对于风险议题的讨论有助于加深对自身风险的认识，并及时对非系统风险予以控制。因此，本书认为，如果多数样本企业对风险议题进行过讨论，则表明总体而言，样本企业的管理层有风险概念，能够做到风险识别和应对。第二，初步认识样本企业对风险的重视程度。对风险议题的讨论越频繁，说明管理层对风险的关注越多，越有助于企业风险管控能力的建设，进而降低企业发生风险的可能性。因此，本书认为，如果多数样本企业经常讨论风险议题，则表明总体而言，样本企业的管理层对风险较为重视，风险管控能力的建设较好，从而降低发生风险和风险扩散的可能性以及降低风险扩散的影响。第三，初步识别样本企业发生风险的可能性。对风险议题的讨论可能包括风险识别和风险应对。当对风险议题的讨论主要涉及风险应对时，较高的讨论频率代表较高的发生风险的可能性。因

---

① 张继德，纪伥波，孙永波. 企业内部控制有效性影响因素的实证研究［J］. 管理世界，2013（8）：179－180.

此，本书认为，如果多数样本企业经常讨论风险议题，尤其是风险应对议题，则表明样本企业发生风险的可能性较高，且较容易风险扩散和受到风险扩散的影响。

表 9 - 1 和图 9 - 1 显示了根据管理层是否讨论过风险议题进行分类的结果。由分类结果可知：在本次调查的 83 家企业中，大多数企业的管理层会进行企业风险议题的讨论。具体来看，经常讨论的企业有 50 家，约占60.24%；有讨论但很少讨论的企业有 29 家，约占 34.94%；没有讨论或说不清楚的企业共有 4 家，约占 4.82%。结果表明，第一，大多数网络依赖型企业是有风险意识的，会针对风险进行讨论。第二，大多数网络依赖型企业的管理层会对企业风险给予足够的重视，这有利于企业风险管控能力的建设，控制企业风险并防止企业风险扩散。第三，经常对企业风险议题进行讨论也在一定程度上反映了网络依赖型企业高风险的特点。

表 9 - 1　　　　　　　　　样本企业管理层风险态度分析

管理层是否讨论过风险议题	企业数量（家）
没有	2
有，但很少	29
经常讨论	50
说不清	2

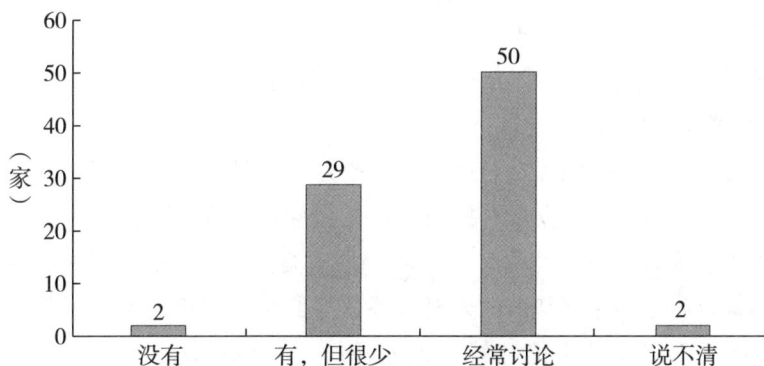

图 9 - 1　样本企业管理层风险态度分析

网络依赖型企业的生存和发展对网络的依赖度极高。因此，该类企业除了拥有和传统企业相似的风险，还会面临来自网络的威胁，需要管理层对企业的风险问题给予足够的重视。调查结果显示，大多数网络依赖型企业的管理层能够经常对企业风险议题进行讨论，这在一定程度上降低了企业发生风险的可能性。但是，仍然存在一部分企业很少或基本不讨论企业风险问题，这会导致这部分企业较容易发生内部风险。同时，网络依赖型企业的网络依赖性又会使发生的内部风险较容易沿着网络进行传播，从而对整个网络生态系统造成威胁。因此，企业管理层应该提高对风险议题讨论的频率，加强风险管控能力，避免因个别企业对风险重视或防范不足而引起的全局风险。同时，国家应从大局出发，督促对风险重视不足的企业增强风险防范意识，加强风险管控能力建设，从而降低总体风险水平，促进国家信息化产业的发展。

（二）样本企业人机关系分析

在"大智移云物区"时代，企业往往希望借助信息技术来提升核心竞争力，实现自身的持续健康发展。因此，如何在充分利用人的经验和智慧的同时更好地发挥计算机的信息处理功能，是企业在应用信息技术时所关注的问题，也是企业风险之所在。和谐的人机关系可以把计算机和人各自拥有的特点结合起来，充分发挥各自的长处，实现优势互补。而紧张的人机关系则可能导致企业内部管理混乱，不仅不能实现优势互补，反而会对企业的绩效产生负面影响，阻碍企业的发展。企业必须从包括传统内部控制和作业流程在内的固有格局中出来，重新设计和再造各类控制手段和措施，将技术管理、风险识别、控制目标和组织架构等融合至新技术环境下，并将人的软因素与技术的硬因素协同与耦合，减少信息化风险，实现企业整体绩效的提高①。

前已述及，网络依赖型企业的核心业务中有50%以上的产值依赖互联网完成，企业的生存和发展对网络系统的依赖度极高。因此，如何处理组织和网络系统的关系（简称人机关系）是该类企业需要解决的主要问题之一。如果企业能够建立和谐的人机关系，那么企业因借助网络系统开展业务而发生内部风险的可能性就会大大降低，从而有效防止或减少风险扩散，实现网络生态系统稳定运行。

因此，本研究根据企业人机关系状态对样本企业进行划分，主要目的

---

① 王凡林，杨周南. IT 治理、内部控制与企业绩效关系研究［J］. 财政研究，2012（6）：63－67.

有三个。第一，初步了解样本企业的人机关系状态。企业内部人员对企业人机关系的评价是了解企业人机关系状态的起点，可以在一定程度上反映企业内部的真实情况。第二，初步认识样本企业风险管控环境。良好的人机关系是企业有效防范和化解重大风险的前提。因此，本书认为，如果样本企业总体上来说人机关系和谐，则表明样本企业拥有良好的风险管控环境，能够有效识别和应对风险，降低风险发生的可能性，减少风险的不良影响。第三，初步识别样本企业风险扩散的可能性和影响程度。良好的人机关系可以为企业进行风险管理提供环境，从而降低企业风险发生的可能性，并进一步降低风险扩散的可能性和影响程度。因此，本书认为，如果样本企业总体上来说人机关系和谐，则表明样本企业风险扩散的可能性较小，影响程度较低，同时，如果风险扩散，样本企业受影响的程度较低。

表9-2和图9-2显示了根据人机关系状态对样本企业进行分类的结果。由分类结果可知：在本次调查的83家企业中，大多数企业认为自身的人机关系和谐。具体来看，认为人机关系和谐的企业有57家，占69%；认为人机关系紧张的企业有9家，占11%；认为人机相互独立的企业有17家，占20%；不存在不明白或不清楚企业人机关系状态的企业。结果表明：第一，大多数网络依赖型企业都对人机关系概念有一定的了解，并能清楚地认识自身的人机关系状态，这为企业进行风险管理提供了良好的环境；第二，大多数网络依赖型企业的人机关系和谐，拥有良好的风险管理环境，能够有效识别和应对风险，降低企业发生风险以及风险扩散的可能性。

网络依赖型企业对网络系统的高度依赖决定了妥善处理组织和网络系统关系的重要性。调查结果显示，大多数网络依赖型企业具有和谐的人机关系，能够实现网络技术"硬因素"和人治环境"软因素"的有机融合。但是，也存在一部分企业的人机关系紧张或人机相互独立。紧张或相互独立的人机关系增加了企业发生风险的可能性，并最终影响整个网络生态系统。例如，企业内部紧张的人机关系会导致一系列经营管理问题，产生矛盾冲突，并引起风险。人机相互独立则使企业不能有效发挥人机结合优势，从而丧失竞争力，引发风险。最后，因不和谐人机关系产生的风险顺着网络进行传播，波及所有企业。因此，如何有效控制网络依赖型企业中的人机关系未实现和谐的企业的风险，是防止该类型企业风险蔓延的关键。

表 9 - 2   企业人机关系状态分析

人机关系状态	企业数量（家）
人机关系和谐	57
人机关系紧张	9
人机相互独立	17
说不清	0
不明白所问	0

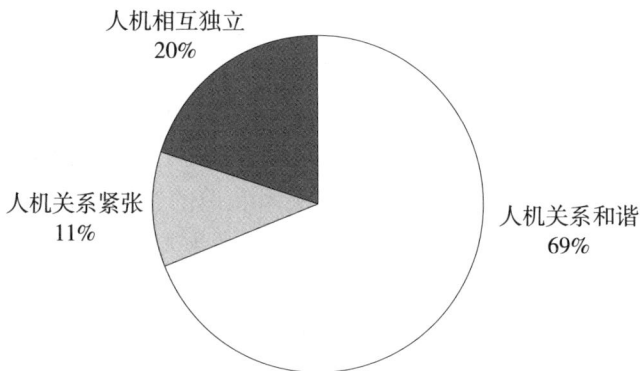

图 9 - 2   企业人机关系状态分析

在每家企业中，管理层都是配置企业资源、赋予企业生命、为企业注入活力的力量。管理层对待风险的态度很大程度上会影响企业人机关系的构建。高度重视风险的管理层会努力控制企业应用网络系统的风险，实现组织和网络系统的优势互补和有机融合。而对风险重视程度不足的管理层则容易忽视应用网络系统带来的风险，从而使企业内部人机关系紧张，阻碍自身的发展。因此，本研究结合管理层风险态度对人机关系做进一步分析，旨在了解管理层的态度与人机关系之间的联系，为企业实现人机关系和谐提供一定的参考。

表 9 - 3 和图 9 - 3 显示了结合管理层风险态度对人机关系进行分析的结果。由分析结果可知：在企业的董事会或管理层经常讨论风险议题的企业中，大多数企业内部的人机关系和谐。具体来看，在经常讨论风险议题的 50 家样本企业中，有 41 家企业人机关系和谐，占 82%；有 3 家企业人机

机关系紧张，占 6%；有 6 家企业人机相互独立，占 12%。而在企业的董事会或管理层很少讨论风险议题的 29 家企业中，有 14 家企业人机关系和谐，约占 48%；有 6 家企业人机关系紧张，约占 21%；有 9 家企业人机相互独立，约占 31%。结果表明，在网络依赖型企业中，管理层对待风险的态度会在一定程度上影响企业内部的人机关系。因此，管理层在处理企业内部人机关系时，需要关注自身对风险的重视程度，以建立良好的人机关系，降低企业风险产生的可能性，并防止风险扩散。

表 9 - 3　　　　　样本企业管理层风险态度与企业人机关系分析　　　　单位：家

风险态度	人机关系				
	人机关系和谐	人机关系紧张	人机相互独立	说不清	不明白所问
没有	0	0	2	0	0
有，但很少	14	6	9	0	0
经常讨论	41	3	6	0	0
说不清	2	0	0	0	0

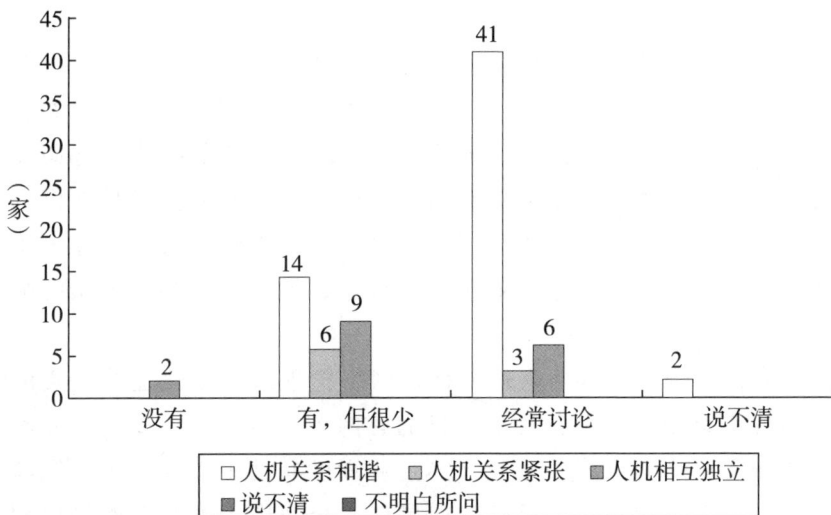

图 9 - 3　样本企业风险态度与企业人机关系分析

妥善处理组织和网络系统的关系是网络依赖型企业生存和发展的关键。调查结果显示，企业的董事会或管理层对企业风险议题讨论的频率与企业内部人机关系状态存在一定的正相关性，即较高的讨论频率有助于构建和谐的人机关系，而和谐的人机关系可以为企业风险管理提供良好的控制环境。因此，企业管理层在追求和谐人机关系的同时，要积极关注企业相关风险，定期对风险问题进行讨论，以实现有效降低企业风险、人机优势互补的目的。

（三）样本企业网络伦理或数字化道德制度建设和管理层态度分析

企业制度是维系企业作为独立系统存在的各种要素关系的总和，包括企业产权制度、企业组织制度和企业管理制度三个部分。企业产权制度是以产权为依托，对企业财产关系进行合理有效组合、调节的制度安排。合理的产权制度能够清晰地界定各个产权主体及其权能，从而建立有效的激励和约束机制，保障企业产权合理流动。企业组织制度是企业组织形式的制度安排，规定着企业内部分工协调和权责分配关系。组织制度合理与否是影响企业生存发展的重要因素。企业管理制度是对企业管理活动的制度安排，是企业管理工作的基础①。企业的制度建设是一个动态过程，需要随着主客观条件的变化不断地变革和发展②。网络依赖型企业借助网络系统开展核心业务，其内部状态和外部环境较传统企业存在差异，因而需要在传统企业制度的基础上进行企业制度的变革。网络伦理或数字化道德等相关管理制度的建设是该类企业成立之初就需要关注的问题。缺乏相应网络伦理或数字化道德制度的企业会缺少利用网络系统时应具备的风险意识，从而更容易在借助网络系统开展业务时发生风险。同时，薄弱的风险管理意识也加大了企业内部风险向网络内其他企业扩散的概率，最终对网络生态系统整体造成严重影响。

因此，本研究根据企业是否存在网络伦理或数字化道德之类的制度，对样本企业进行划分，主要目的有两个。第一，初步认识样本企业发生内部风险的可能性。完善的企业制度有助于增强员工的风险意识，指导员工识别和应对风险。如果样本企业中大多存在网络伦理或

---

① 赵卫军. 基于熵理论的企业技术与制度协同创新研究 ［D］. 太原：山西大学，2013.

② 邹樵，丁冬. 企业文化制度建设的依据与原则 ［J］. 管理世界，2007（4）：164－165.

数字化道德之类的制度,则表明样本企业内部具有较好的风险防范意识,能有效识别和应对可能发生的风险,从而降低发生内部风险的可能性。第二,初步认识样本企业风险扩散的概率和影响程度。拥有健全的网络伦理或数字化道德等相关管理制度和丰厚企业文化积淀的组织在发生风险时,更可能采取措施来防止内部风险的扩散。因此,本书认为,如果样本企业中大多存在网络伦理或数字化道德之类的制度,则表明样本企业发生内部风险时,风险扩散的可能性和波及程度较低。

表9-4和图9-4显示了根据样本企业是否存在网络伦理或数字化道德之类的制度进行分类的结果。由分类结果可知:在本次调查的83家企业中,大多数企业存在网络伦理或数字化道德之类的制度。具体来看,存在网络伦理或数字化道德之类的制度的企业有71家,约占86%;不存在网络伦理或数字化道德之类的制度的企业有11家,约占13%;不清楚是否存在网络伦理或数字化道德之类的制度的企业有1家,约占1%。结果表明,总体而言,大多数网络依赖型企业建立了网络伦理或数字化道德之类的制度,这些制度的建立在一定程度上增强了企业内部员工的风险防范意识,从而降低了企业发生内部风险的可能性以及风险扩散的可能性和影响程度。

与其他类型的企业相比,网络依赖型企业高度依赖网络系统。合理合规使用网络系统是该类型企业开展业务时应当特别关注的问题。缺乏必要的制度指导会使企业行为难以约束,进而引发风险。调查结果显示,大多数网络依赖型企业建立了相应的网络伦理或数字化道德制度,能够对企业行为进行引导和约束,从而控制风险发生和风险扩散。但是,仍然存在一部分企业未建立相应制度,这会使该部分企业的行为难以约束、风险难以控制,并最终导致企业内部风险的扩散,对整个网络生态系统造成威胁。因此,企业管理层应该清醒地认识到网络伦理或数字化道德等制度建立的必要性,建立完善的企业内部管理制度来对企业行为进行指引,增强风险防范意识,积极识别和应对可能发生的风险,并在风险发生时采取必要的措施防止风险扩散。同时,国家应该出台相应的法律法规对该类型企业制度的建立进行规范,确保每个网络依赖型企业都建立良好的网络伦理或数字化道德之类的制度,以此从微观层面对网络依赖型企业的总体风险进行控制,实现国家信息化产业的健康发展。

表 9 - 4   样本企业制度建立分析

是否存在网络伦理或数字化道德之类的制度	企业数量（家）
有制度	71
无制度	11
说不清	1

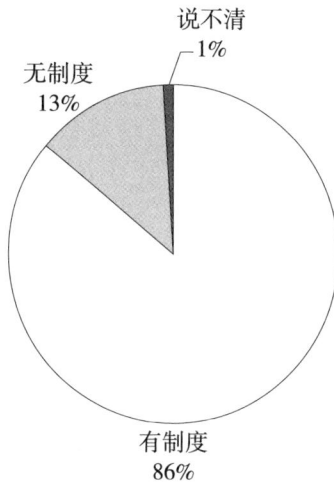

图 9 - 4　样本企业制度建立分析

　　企业文化对企业制度的实施来说至关重要。企业文化内含的价值观念和行为规范是非条文和无形的，企业文化通过意识观念的渗透和同化，潜移默化地影响人的行为方式，从而影响企业制度的实施①。因此，一家企业的管理层除了要通过制定完善合理的制度来实施对企业的管理，还需要促使良好企业文化的形成，使企业具有良好的形象，树立有利于企业发展的价值观与道德观②。企业高管对建立网络伦理或数字化道德制度必要性的认识反映了企业对网络风险的总体态度，是企业文化的具体表现，在一定程度上会对相应制度的建立和实施效果产生影响。如果管理层对于建立网络伦理或数字化道德之类的制度高度重视，则其会在建立制度时提供必

---

　　①　王竹泉，隋敏．控制结构＋企业文化：内部控制要素新二元论［J］．会计研究，2010（3）：28－35，96.
　　②　邹樵，丁冬．企业文化制度建设的依据与原则［J］．管理世界，2007（4）：164－165.

要的支持，并对制度的实施效果给予关注，使该制度的实施有充足的保障，从而有效发挥制度实施对风险防范的正向作用。

因此，本研究根据管理层是否认为建立网络伦理或数字化道德之类的制度是必要的对样本企业进行划分，主要目的有两个：第一，初步认识样本企业管理层对网络伦理或数字化道德的态度。管理层对网络伦理或数字化道德制度建设的必要性的认识往往反映了其对网络伦理或数字化道德的态度。对相关制度建设必要性的肯定反映了管理层对网络伦理或数字化道德的尊重态度。因此，本书认为，如果样本企业大多数高管认为建立网络伦理或数字化道德之类的制度是有必要的，则表明总体而言，样本企业会遵循网络伦理或数字化道德，出现违反伦理或道德的行为的可能性较低。第二，初步评估样本企业网络伦理或数字化道德制度的实施效果。制度的有效实施离不开管理层的支持。管理层对相应制度建设的必要性的认识会影响该制度的建立和实施。因此，本书认为，如果样本企业大多数高管认为建立网络伦理或数字化道德之类的制度是有必要的，则表明总体而言，样本企业建立的制度能够有效实施并防范风险，因而样本企业发生内部风险的可能性较低，风险扩散的可能性和影响程度较低。

表9－5和图9－5显示了根据管理层对建立网络伦理或数字化道德之类的制度的必要性的认识进行分类的结果。由分类结果可知：在本次调查的83家企业中，大多数企业的管理层认为建立网络伦理或数字化道德之类的制度是必要的。具体来看，认为有必要建立相应制度的企业有77家，约占93%；认为无必要建立相应制度的企业有5家，约占6%；说不清是否有必要建立相应制度的企业有1家，约占1%。结果表明，第一，大多数网络依赖型企业的管理层都认识到遵守网络伦理或数字化道德制度的必然性，并支持建立相应的制度对企业行为进行约束，这提高了企业行为的可预测性，降低了网络依赖型企业的总体风险水平。第二，大多数网络依赖型企业的网络伦理或数字化道德之类的制度的建设会得到管理层的支持，保证了该制度对企业行为的约束效力，有利于企业内部风险水平的降低。

网络依赖型企业借助网络系统开展业务，因而对网络伦理或数字化道德的遵守至关重要。管理层对建立网络伦理或数字化道德之类的制度的态度在一定程度上反映了该企业遵守网络伦理或数字化道德的可能性。调查结果显示，大多数网络依赖型企业的管理层认为应该建立相应的制度来约束企业行为。但是，也存在一部分企业的管理层认为没有必要建立相应的制度。管理层对制度建设的忽视可能导致企业行为不可预测，如企业可能因资本的逐利性而违反网络伦理或数字化道德，给其他企业造成损害，产生局部风险，并最终导致全局风险，对整个网络生态系统造成危害。因此，管理层应当正确认识遵守网络伦理或数字化道德的必然性，积极推动企业内部相应制度的设立与执行，保证企业行为的可预测性。同时，国家应该定期对该类型企业是否存在违反网络伦理或数字化道德的行为进行检查，防止个别企业的投机行为给网络内的其他企业造成重大影响。

表 9 - 5 样本企业管理层对制度建立的态度分析

是否有必要建立网络伦理或数字化道德之类的制度	企业数量（家）
有必要	77
无必要	5
说不清	1

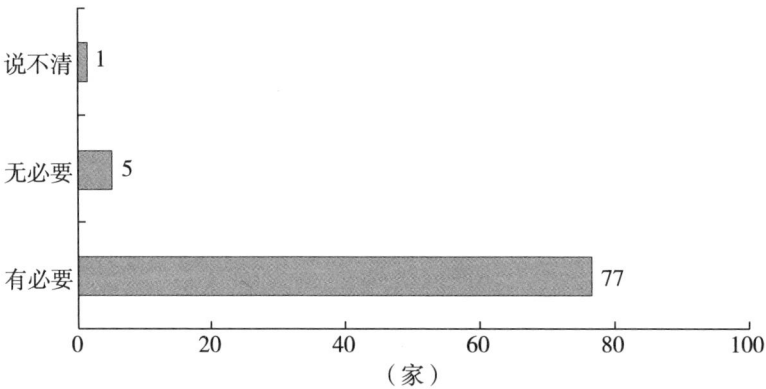

图 9 - 5 样本企业管理层对制度建立的态度分析

网络依赖型企业对网络依赖性决定了其建立网络伦理或数字化道德之类的制度的必要性，而管理层对建立该类制度的重要性的认识会在一定程度上影响制度的实施效果。因此，本研究结合管理层态度对企业相应制度的建立进行分析，旨在进一步评估制度实施的效果，并对网络依赖型企业风险水平做更细致的了解。

表 9 - 6 和图 9 - 6 显示了结合管理层态度对企业相应制度建立进行分

析的结果。由分析结果可知：在本次调查的 83 家企业中，大多数企业的管理层认为有必要并实际建立了网络伦理或数字化道德之类的制度。具体来看，管理层认为有必要建立并实际建立相应制度的企业有 66 家，约占 80%；管理层认为有必要建立却没有建立相应制度的企业有 11 家，约占 13%；管理层认为没有必要建立但实际建立了相应制度的企业有 5 家，约占 6%；管理层对此说不清的企业有 1 家，约占 1%。结果表明，大多数网络依赖型企业的管理层高度重视对网络伦理或数字化道德的遵守，并建立了相应的制度予以约束企业行为。但是，也要注意网络依赖型企业中的跟风企业（有制度，无必要）和空表态企业（无制度，有必要），它们较弱的行为约束力可能会对所有企业的生存和发展产生威胁。

表 9 - 6 企业制度建立与管理层态度分析

是否存在相应制度以及管理层对此的态度	企业数量（家）
有制度，有必要	66
无制度，有必要	11
有制度，无必要	5
无制度，无必要	0
说不清	1

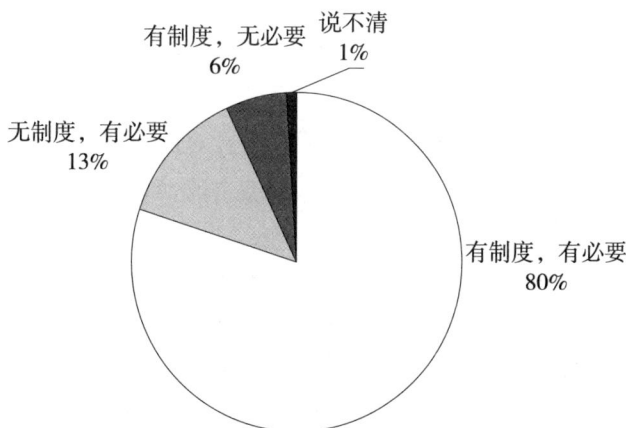

图 9 - 6 企业制度建立与管理层态度分析

网络依赖型企业需要格外关注网络伦理或数字化道德问题。调查结果显示，大多数网络依赖型企业的管理层重视网络伦理或数字化道德等制度对企业行为的约束。但是，也存在少数企业未建立相应制度或不重视相应制度。重视建立相应制度却未实际建立的企业虽然拥有一定的道德遵循意识，但是并没有相应的规范予以约束，使企业行为的不可预测性较大，更容易在发生内部风险时出现风险扩散，对其他企业造成影响。建立了相应制度却不给予重视的企业虽然建立了制度来规范企业行为，但是缺少必要的道德遵循意识，使企业制度的约束效力较低，企业发生内部风险的可能性较高。因此，网络依赖型企业的管理层需要增强自身的道德遵循意识，并推动建立合理有效的网络伦理或数字化道德制度，以使企业行为具有一定的可预测性，从而降低企业发生内部风险的可能性，避免风险扩散，削弱风险扩散的影响。

二、企业内控体系建立和运行效果分析

本研究根据企业是否建立了专门针对网络风险的内控体系对样本企业进行划分，主要目的有两个。第一，初步认识样本企业的网络风险意识。只有企业认识到网络风险的存在并希望对此予以管控，才会建立相应的内控体系进行风险防范。因此，本研究认为，如果样本企业中大多建立了专门针对网络风险的内控体系，则表明样本企业具有网络风险防范意识，发生内部风险的可能性较低。第二，初步认识样本企业的风险管控能力。内部控制就是控制风险，控制风险就是风险管理，内部控制和风险管理仅是风险控制的两种不同语义表达形式，并不存在本质上的区别①。因此，本研究认为，如果样本企业中大多建立了专门针对网络风险的内控体系，则表明样本企业进行了管理和控制网络风险能力的建设，能够有效地识别和应对风险，发生内部风险的可能性较低。

表 9 - 7 和图 9 - 7 显示了根据企业是否建立了相应内控体系进行分类的结果。由分类结果可知：在本次调查的 83 家企业中，几乎所有的企业都建立了专门针对网络风险的内控体系。具体来看，存在相应内控体系的企业有 82 家，约占 99%；说不清的企业有 1 家，约占 1%；不存在未建立相应内控体系的企业。结果表明，几乎所有的网络依赖型企业都具有网络风

---

① 谢志华. 内部控制、企业治理、风险管理：关系与整合［J］. 会计研究，2007（10）：37 - 45，95.

险意识，并针对网络风险建立了相应的内控体系予以防范，从而降低了该类型企业发生网络风险的可能性。

表9-7　　　　　　　　　　企业内控体系建立分析

是否建立了专门针对网络风险的内控体系	企业数量（家）
有体系	82
无体系	0
说不清	1

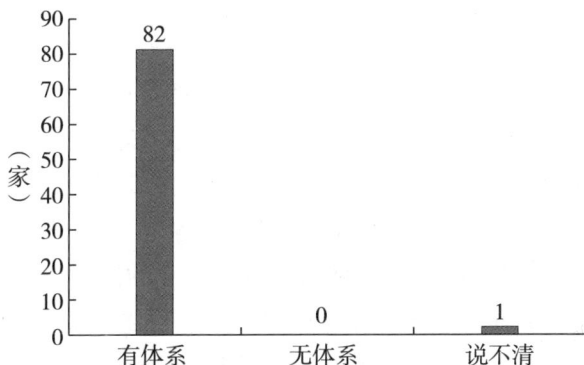

图9-7　企业内控体系建立分析

　　虽然企业建立专门针对网络风险的内控体系会在一定程度上提高企业的风险管控能力，但是内控体系的运行效果才是决定企业能否有效防范网络风险的关键。有效的内部控制能够为内部控制目标的实现提供合理保证①。运行良好的内控体系可以对可能发生的风险进行预防并及时纠正企业中存在的问题，从而降低企业发生风险的可能性。而运行较差的内控体系则形同虚设，失去识别和应对风险的能力，导致企业更容易发生风险。网络依赖型企业面临众多的网络风险，需要具备较强的网络风险应对能力。虽然调查结果显示大多数企业建立了专门针对网络风险的内控体系，但是内控体系运行效果如何才是决定企业实际的网络风险管控能力的核心要素，是值得关注的问题。

---

　　① 陈汉文，张宜霞. 企业内部控制的有效性及其评价方法［J］. 审计研究，2008（3）：48-54.

因此，本研究在分析网络依赖型企业是否建立了相应的内控体系的基础上，进一步了解相应内控体系的运行效果，主要目的有两个。第一，初步评价样本企业内控体系建立的价值。只有运行良好的内控体系才能有效防范网络风险，实现内控体系存在的价值。因此，本研究认为，如果样本企业中大多数企业的内控体系运行良好，则表明总体而言，样本企业内控体系的建立具有价值，能够有效防范网络风险，从而降低发生内部风险的可能性。第二，进一步确认样本企业的风险管控能力。运行较差的内控体系不能够有效识别和应对网络风险。因此，本研究认为，如果样本企业中大多数企业的内控体系运行良好，则表明总体而言，样本企业具有较强的风险管控能力，发生内部风险的可能性较低，反之，样本企业的内控体系形同虚设。

表9-8和图9-8显示了在内控体系建立的基础上对内控体系运行效果进一步分析的结果。由分析结果可知：内控体系运行效果好的企业有41家，约占49.40%；内控体系运行效果一般的企业有37家，约占44.58%；内控体系运行效果差的企业有4家，约占4.82%。结果表明，半数建立了专门针对网络风险的内控体系的网络依赖型企业的内控体系运行效果好，能够有效防范网络风险。但是，也存在少数企业虽建立了相应的内控体系，但是运行效果差，这部分企业是控制网络依赖型企业总体风险、防止风险蔓延的关键。

网络依赖型企业应当特别关注网络风险并采取措施予以防范。调查结果显示，大多数网络依赖型企业已建立了运行效果好的内控体系，具有较强的网络风险管控能力。但是，仍然存在少数企业对内控体系的认识模糊或虽建立了相应的内控体系但内控体系运行差，该部分企业较弱的网络风险管控能力会导致较高的风险水平，并最终引起全局风险，需要特别关注。因此，企业需要高度重视针对网络风险的内控体系的建立和运行效果，切实保证企业具有防范网络风险的能力，做到对可能发生的风险提前预测并采取措施进行防范，从而将自身的风险降至可接受的低水平。同时，国家需要对该类型企业针对网络风险的内控体系的建设进行监督，当发现未及时建立内控体系或内控体系运行较差的企业时，及时采取措施督促企业进行整改，从而在微观层面对该类型企业存在的总体风险实施管控，唯有如此，才能使网络依赖型企业的总体风险得到控制。

表 9 - 8　　　　　　　　　企业内控体系建立与运行效果分析

是否建立相应内控体系以及运行效果	企业数量（家）
运行效果好	41
运行效果一般	37
运行效果差	4
无体系	0
说不清	1

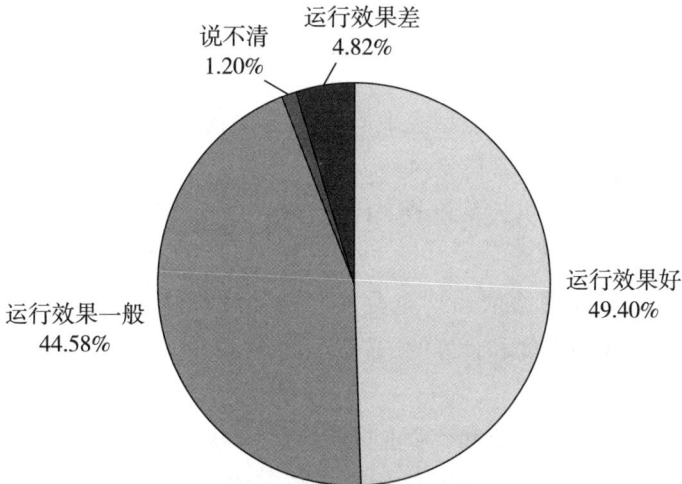

图 9 - 8　企业内控体系建立与运行效果分析

三、结论与建议

基于以上分析得出结论如下。

第一，多数网络依赖型企业的管理层已经意识到了网络依赖型企业必须重视内生性风险、输入性风险的防范，风险意识决定风险态度，具有风险意识才可能对企业风险议题进行讨论。

第二，多数网络依赖型企业已建立了和谐的人机关系，能够充分发挥组织和网络系统各自的优势，实现优势互补。

第三，在结合风险议题讨论频率对企业人机关系进行分析后可以发现：网络依赖型企业中管理层对待风险的态度会影响企业人机关系状态，经常讨论风险议题的企业往往具有和谐的人机关系。

第四，大多数网络依赖型企业的管理层高度重视对网络伦理或数字化道德的遵守，并建立了相应的道德制度对企业行为予以约束，但是也存在少数企业未建立相应制度或对该制度的重要性认识不足。

第五，大多数网络依赖型企业建立了专门针对网络风险的内控体系，且该内控体系运行效果好，能够有效防范网络风险带来的威胁。

网络依赖型企业高度依赖网络系统开展核心业务，具有独特的运行环境和技术特征。本研究从管理层风险态度、人机关系自我评价、道德制度建设和认识以及内控体系自我评价四个方面出发，对样本企业内控体系构建和运行情况进行初步了解，并提出以下几点建议，据此评价样本企业的风险管控能力。

第一，大多数网络依赖型企业具有良好的内控运行环境。具体来看，企业董事会或管理层经常讨论风险议题，并重视对网络伦理或数字化道德的遵守。企业内部人机关系和谐，且拥有相应的道德制度对企业行为进行约束。

第二，大多数网络依赖型企业发生内部风险的可能性较低。具体来看，管理层的风险态度和良好的风险防范措施降低了该类型企业发生内部风险的可能性。

第三，大多数网络依赖型企业风险扩散的可能性和影响程度较小。具体来看，多数企业已建立了网络伦理或数字化道德制度，人机关系和谐，内控体系运行效果好，从而在风险扩散的源头上对风险予以控制，降低了风险扩散的可能性和影响程度。

第四，需要关注个别网络依赖型企业对整个网络生态系统的影响。虽然大多数企业具有良好的运行环境，降低了风险发生和风险扩散的可能性。但是调查也发现，部分网络依赖型企业在管理层态度、人机关系维持、道德制度建设或内控体系运行方面存在不少问题：管理层对风险的重视不足会使企业整体风险意识的缺乏，从而导致企业处在较高的风险水平；人机关系紧张的企业未能妥善处理组织与网络系统的关系，较容易出现人机冲突，引发风险；缺乏相应网络伦理建设的企业不能有效约束其产生风险的潜在行为。较差的内控体系形同虚设，减弱了企业对风险的管控能力，而风险识别和控制能力的不足会导致企业更容易发生风险。网络依赖型企业的风险密集度高且传播性强的特征会使个别企业的内部风险很容易波及网络内的其他企业，并最终破坏整个网络生态系统的平衡，引发全局风险。

因此，虽然大多数企业具有较好的运行环境，但是个别企业存在的风险使整个网络内的企业仍然具有较高的风险水平和较严重的风险扩散后果。基于网络依赖型企业的特点进行人机关系评价，并建立相应的人机预警机制，实现网络技术"硬因素"与人治环境"软因素"的有机融合是规避网络风险、实现企业可持续健康发展的关键。

第十章

网络风险治理案例

华网公司是一家借助互联网进行药品研发、生产和销售的高新技术企业，2020年在业内排名前十，在网络销售和知识产权保护方面具有领先优势。但跟其他网络依赖型企业一样，时常出现网络输入性风险。仅2018年至2020年年末，其风险造成的损失就超过1000万元，主要风险点在药品配方泄露、资金风险损失、网络瘫痪、电商采购欺诈和市场假冒产品等。究其原因，有网络环境、技术方面的，也有组织和人为方面的，需要构建基于人机关系和谐的治理体系。

为此，本章借助COSO模型和COBIT模型，结合前面对网络依赖型企业的调查现状，进行输入性风险和存量风险的敞口判断、风险识别，并在现场调研的基础上提出构建风险管理模型体系的思路，本书称为网络风险管理与内部控制体系。

一、风险管理体系

根据2008年出台的《企业内部控制基本规范》以及2010年出台的《企业内部控制配套指引》，再根据后面发布的各业务层面的内控指南，本书采用多种途径进行风险识别和评价，试图呈现华网公司网络高依赖情况下的内生性风险和输入性风险，为此提出网络风险识别及控制体系，如图10-1所示。

图10-1所示的内容和结构体现了案例企业在网络风险的管控方面的理念和措施，共包括四部分内容①。第一部分是网络风险控制环境与风险识别，从整体环境的角度来规范企业的控制基础，包括企业治理结构、企

① 关振宇，王凡林，段凤霞. 当前内控与内审热点问题研究与借鉴［M］. 北京：经济科学出版社，2016.

业道德、企业文化、人力资源政策、信息沟通与监督等。同时对企业目前的风险进行识别评价，给出清单分类及管理建议。第二部分是案例企业组织结构，是企业战略和内部控制发挥作用的基础，企业应首先建立适合自身管理特点、符合现代企业治理特点、满足监管要求的组织结构和岗位职责。第三部分是网络风险内控体系，是实施内部控制相关制度的核心内容，是全体成员均参与的日常控制规范。第四部分是网络风险内控评价，是保证该体系持续有效并不断适应经营环境的保障措施，由企业定期开展自我评价。

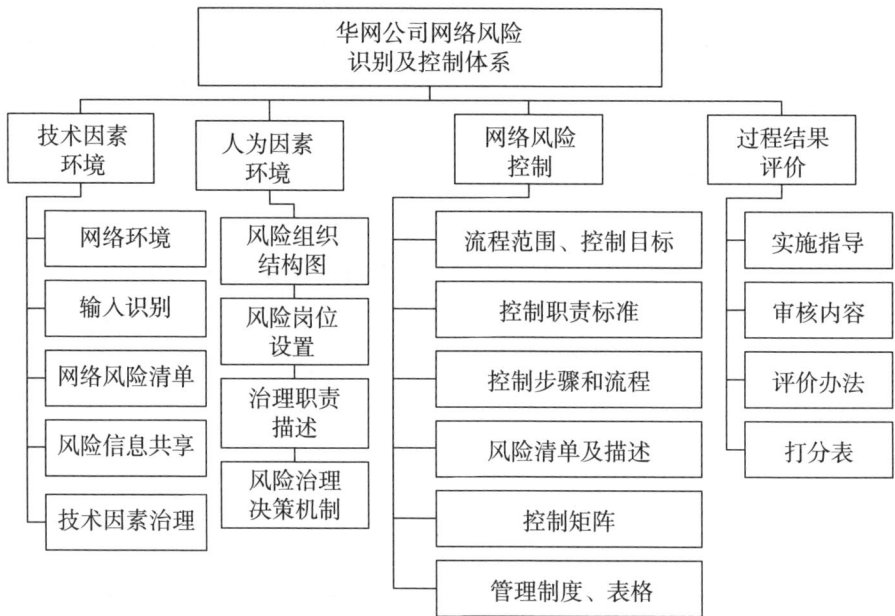

图 10 – 1　华网公司网络风险识别及控制体系

二、风险管理内容

风险识别、风险评估和风险应对是风险管理的重要内容。一方面能清晰辨别出风险所在，评估出其后果和应对措施，以最少的成本保证安全、可靠地实现管理目标；另一方面在此基础上对风险实行有效的控制，妥善地处理风险事件造成的不利后果，随时监视风险事件的进展，紧盯风险的动态，一旦有新情况，马上对新出现的风险进行识别、估计和评价，并采取必要的行动。[①]

　　华网公司的风险管理一般可划分为两个阶段：风险分析和风险管理。风险分析包括风险识别、风险估计和风险评价三个环节。第一阶段的主要成果是风险管理计划。第二个阶段可以称作狭义的风险管理。在日常经营管理过程中，根据风险管理计划对风险进行管控，并对控制机制本身进行监督以确保其成功。

　　1. 风险识别

　　风险识别即识别出风险管理目标无法实现的可能因素，包括战略方面、经营方面、资金方面、人力资源方面、法律方面、政策方面、市场方面的因素等。风险识别常用的方法是列表法、鱼骨图、坐标法等。

　　2. 风险估计

　　风险估计即估计风险的性质、计量风险事件发生的概率及其后果的大小，综合评价其不确定性。

　　风险估计应遵循如下步骤：首先，确定管理目标变量的数值和计量这些变量的标度；其次，查明管理过程中各种事件发生时出现的各种后果以及它们之间的因果关系；最后，根据选定的计量标准确定风险后果的大小。同时还要考虑那些有可能增加或减少潜在威胁演变为现实的概率大小的所有转化因素，如果潜在的威胁真的演变为现实，则须考虑后果的严重程度和潜在影响[②]。

　　3. 风险评价

　　风险评价即对识别出的各项风险事件的后果进行评价，并按照其严重程度排序。评价风险后，需要确定对风险应该采取什么样的应对措施。在风险评价过程中，管理人员要仔细研究决策者做出的决策的各种可能的后果，并将决策者做出的决策同自己单独预测的后果相比较，判断这些后果能否被决策者接受。各种风险的可接受或危害程度是不同的，因此就产生了哪些风险应该优先或是否需要采取措施的问题[③]。风险评价方法有定量和定性两种。进行风险评价时，还要提出防止、减少、转移或分担风险损失的有效措施，并将其列入风险管理阶段要进一步考虑的各种方法之中。但要注意，在企业的具体实践中，风险识别、风险估计和风险评价并不是

---

①　谢芸琪. 基于组合的新产品开发风险作用机理研究 [D]. 杭州：浙江大学，2004.

②　杨敬飚. 五凌水电项目风险管理研究 [D]. 长沙：湖南大学，2003.

③　卢有杰. 卢家仪. 项目风险管理 [M]. 北京：清华大学出版社，1998.

截然分开的，它们既相互独立，又彼此联系，各过程和阶段也要反复进行多次才能对风险有个清晰的认识。

4. 风险规划

决策者针对某一管理活动所面临的形势选定一个行动方案。行动方案一经选定，就要制订执行这一决策的计划。为了使计划切实可行，常常还需要进行再分析，特别是要检查计划是不是与其他已做出的或将要做出的决策冲突。这样做可以为以后留出灵活的余地。

5. 风险控制

风险控制指实施风险规避策略计划，用以将风险敞口封闭在一个可接受的水平。该计划要包括控制目标、控制活动、控制所需资源成本以及控制的流程工具、方法手段等。

6. 风险监督

风险监督即检查风险控制的过程和结果是否达到目标，或者有无偏离，及时把执行结果和发现的问题反馈给决策者，以便及时调查策略和纠偏。

风险监督十分重要。只有监督才能保证风险控制措施落到实处，才能动态跟踪各类风险，保证风险控制系统时刻处于有效状态。风险管理过程如图 10 - 2 所示。

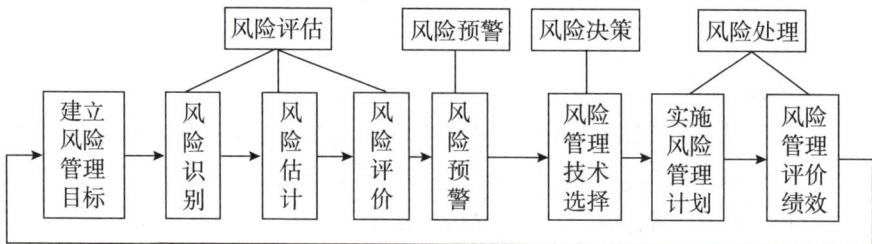

图 10 - 2　网络依赖型企业风险管理流程

三、风险分解及概率分布

（一）企业风险分解结构（RBS）

根据美国 PMI（项目管理协会）发布的 PMBOK（项目管理知识体系）指南，在一个多变的环境下，企业组织的风险管控与目标往往处于较长的动态调整时期，需要将企业风险事项进行分解，企业风险主要包括五大类：战略风险、财务风险、市场风险、运营风险、合规风险。其风险分解结构如图 10 - 3 所示。

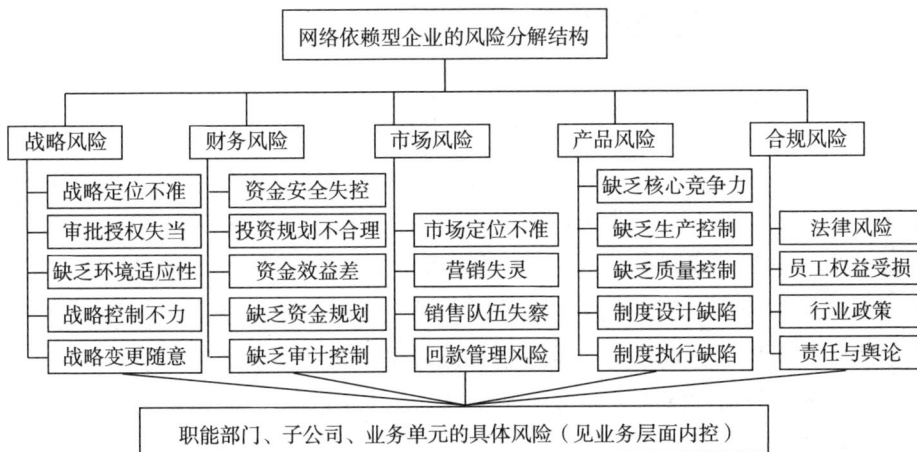

```
                网络依赖型企业的风险分解结构
   ┌──────┬──────┬──────────┬──────────┬──────────┐
 战略风险   财务风险   市场风险    产品风险      合规风险
   │        │                   │
 战略定位不准  资金安全失控          缺乏核心竞争力
 审批授权失当  投资规划不合理  市场定位不准  缺乏生产控制   法律风险
 缺乏环境适应性 资金效益差    营销失灵    缺乏质量控制   员工权益受损
 战略控制不力  缺乏资金规划   销售队伍失察  制度设计缺陷   行业政策
 战略变更随意  缺乏审计控制   回款管理风险  制度执行缺陷   责任与舆论

       职能部门、子公司、业务单元的具体风险（见业务层面内控）
```

图 10 - 3 网络依赖型企业的风险分解结构

（二）概率分布工具

在识别风险要素后，就要用概率分布图进行风险评估，而对于某一具体的风险，则可以通过现场调查、访谈、资料评估及行业分析进行评估。华网公司的风险概率和影响矩阵如表 10 - 1 所示。

表 10 - 1　　　　　　　华网公司的风险概率和影响矩阵

概率	威胁					机会				
0.90	0.05	0.09	0.18	0.36	0.72	0.72	0.36	0.18	0.09	0.05
0.70	0.04	0.07	0.14	0.28	0.56	0.56	0.28	0.14	0.07	0.04
0.50	0.03	0.05	0.10	0.20	0.40	0.40	0.20	0.10	0.05	0.03
0.30	0.02	0.03	0.06	0.12	0.24	0.24	0.12	0.06	0.03	0.02
0.10	0.01	0.01	0.02	0.04	0.08	0.08	0.04	0.02	0.01	0.01
—	0.05	0.10	0.20	0.40	0.80	0.80	0.40	0.20	0.10	0.05

注：1. 每一风险按其发生概率及一旦发生所造成的影响评定级别。矩阵中所示组织规定的低风险、中等风险和高风险的临界值确定了风险的得分。如果风险的发生会对目标产生不利影响（威胁），并且处于矩阵高风险区域，可能就需要采取重点措施，并采取积极的应对策略。而对于处于低风险区域的威胁，只需将其放入待观察风险清单，此外不需采取任何其他积极管理措施。

2. 处于高风险区域的机会最容易实现，而且能够带来最大的利益，所以应先以此为工作重点。对于低风险区域的机会，应进行监测防范。

四、风险处理组合

(一) 基于帕累托进行风险排序

针对风险清单列表，根据风险发生的概率和损失程度，通过风险值计算公式（风险值 RV = 风险概率 P × 风险损失值 E），进行风险排序，接下来用帕累托图（或同类工具，如鱼刺图等）优化排序，根据排序情况，可找到决定 80% 风险后果的关键事项，企业只需将精力用在这几个关键事项上即可控制 80% 的风险，也就是管控风险也需要抓主要矛盾和矛盾的主要方面。华网公司的网络风险排序如图 10-4 所示。

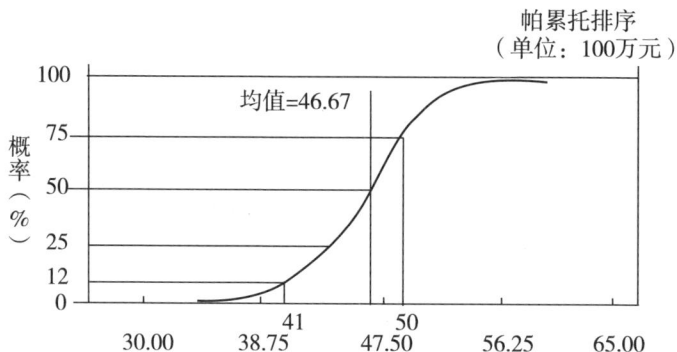

图 10-4　华网公司的网络风险排序

注：1. 帕累托图中矩形柱高度表示影响因素的程度。观察帕累托图寻找主次因素时，主要看矩形柱高矮因素。一般确定主次因素可利用帕累托曲线，将累计百分数分为三类：累计百分数在 0%~80% 的为 A 类，在此区域内的因素为主要影响因素，应重点加以解决；累计百分数在 80%~90% 的为 B 类，在此区域内的因素为次要因素，可稍微推后解决；累计百分数在 90%~100% 的为 C 类，在此区域内的因素为一般因素，可放最后解决。

2. 华网公司目前处于现代企业制度及企业治理规范化的发展期，风险的环境和表现均处于不断调整阶段，因此对其风险的分类除了需纳入风险规划的 A、B、C 三类之外，本报告给出 D 分类，作为 C 类的补充，对 C、D 两类风险，一般不采取具体的风险管控措施，而是持续关注或定期评估，一旦它们进入 A、B 分类，就要立即启动风险管理措施。

(二) 风险处理组合

华网公司的风险处理组合如图 10-5 所示。
华网公司的风险处理策略选择如图 10-6 所示。

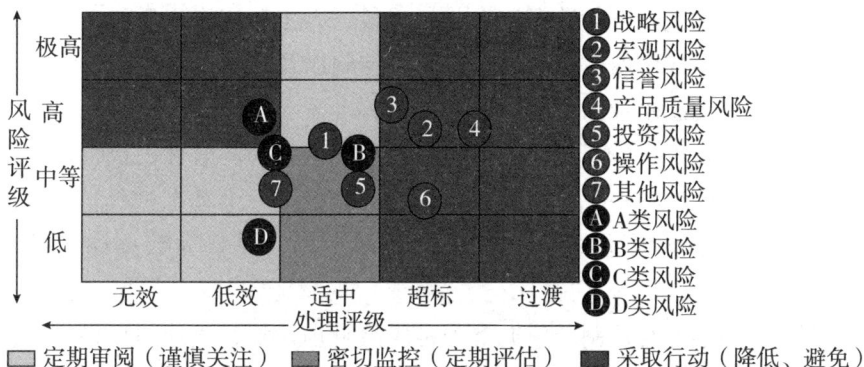

图 10－5　华网公司的风险处理组合

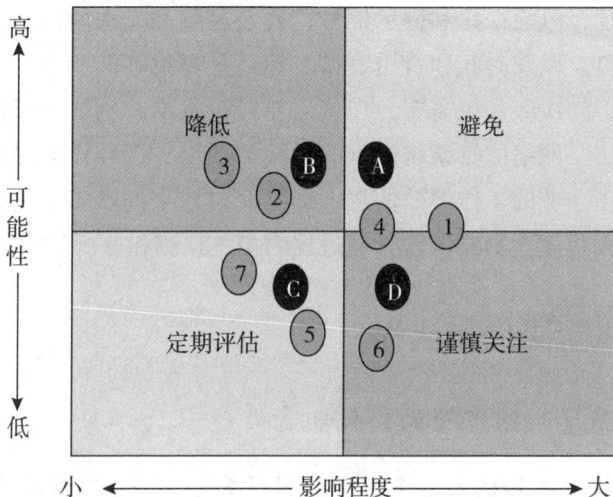

图 10－6　华网公司的风险处理策略选择

五、网络风险监控

风险管理是一个动态过程，原因是已经识别出的风险会随环境的变化而发生概率、敞口、后果、连带影响等方面的变化。内控体系应根据所处内外环境的变化、经营目标和管理方式的变化而不断调整，使其一直处于有效状态。其过程是识别、分析新生风险，追踪已识别风险，并形成风险清单。分析现有风险，监测应急计划的触发条件，监测残余风险，审查风险应对策略的实施，并评估其效力。风险监测与控制过程所使用的方法手段有信息化技术手段、大数据技术分析手段、人工智能嵌入手段，使管理活动实施过程生成绩效数据。风险监测与控制以及其他风险管理过程是企业生命周期内动态永续的过程。

风险应对负责人应当定期向主管经理汇报计划的有效性、执行过程的例外事件及可能的后果、应对策略；风险的监控是一个动态过程，组织人员应将过程数据和有价值的实践活动记录下来，提炼为数据库或参考模板。

网络风险监测与控制的依据首先是风险管理计划，该计划提供的关键依据包括为风险管理活动分配人员、风险负责人、时间和其他资源。其次是风险登记列表，包括识别出来的风险和风险负责人，风险应对策略，具体的实施行动，风险征兆和警示信号，残余风险和二次风险，低优先级风险的预案清单，以及时间和费用安排。然后是经批准的变更请求，即因环境变化而产生的次级变更需要，当然需要经过批准，例如国家出台的相关网络管理办法、网络监管系统提示的风险活跃因子、合作方的合同变更条款等。还包括企业的工作绩效信息，即可交付成果的状态、整改措施和绩效报告，多大程度上影响风险管理过程的相关预测和分析。

六、风险岗位和流程

（一）基于网络风险的岗位职责设计

根据调查问卷和访谈，案例企业设计表 10 - 2，以利于规划流程和矩阵。

表 10 - 2　　　　　　　　　岗位职责设计

管理岗位	主要职责	不相容职责
网络部	（1）编制年度项目计划及经费预算；（2）组织项目可行性研究和专家评审；（3）确定规划、立项实施；（4）负责项目采购管理；（5）组织项目阶段验收；（6）组织项目验收审核；（7）协助应用部门对网络系统的应用过程进行安全管理、过程监督、培训与考核等；（8）负责系统的日常维护（文档、信息收集，编制工作报告）	（1）审核年度项目计划及经费预算；（2）项目立项审批；（3）项目竣工决算

续表

管理岗位	主要职责	不相容职责
主管领导	（1）指导中心管理工作；（2）审批工作报告	编制工作报告
董事会	审批固定资产投资限额××元及以上的网络技术项目	规定的不相容职责
总经理办公会	审批固定资产投资限额××元及以上的网络技术项目	规定的不相容职责
财务部	（1）审核年度项目计划及经费预算；（2）审批企业网络化发展年度经费预算；（3）审批投资限额以下的网络技术项目投资计划；（4）预算执行过程的监督及核算	（1）网络系统预算编制；（2）网络系统预算执行
系统操作人员	系统应用功能的日常操作	（1）系统开发、维护；（2）数据库管理等

（二）网络风险管控流程描述

案例企业的网络风险管理流程如表 10－3 所示。

表 10－3　　　　　　　　　网络风险管理流程

步骤	主体	活动	详细说明
（一）年度项目计划制订			
1	网络部	制订项目计划	网络部根据企业网络化发展规划和总部相关部门、企业申报的项目建议计划，结合年度实际情况，编制《企业年度网络化项目建议计划》及经费预算
2	网络部负责人、财务部	审核	对年度网络化项目建议计划及经费预算进行审核确认；如果审核通过，则进入下一步骤；如果审核不能通过，则返回上一步骤
3	主管领导	审批	对年度网络化项目建议计划及经费预算进行审批；如果审批通过，则进入下一步骤；如果审批不能通过，则返回上一步骤

续表

步骤	主体	活动	详细说明
（二）网络项目可行性研究和专家评审			
4	网络部	项目可行性研究和专家评审	企业委托有资质的单位承担网络项目可行性研究，并组织专家组对《项目可行性研究报告》进行评审，专家组对项目需求、项目目标、技术路线、风险状态、投资估算与效益分析、项目组织及实施策略等提出可行性研究评审意见并签字
（三）网络项目立项审批			
5	网络部	立项审批申请	通过可行性研究评审的固定资产投资限额及以上的网络技术项目，由网络部报董事会立项审批，批准立项的项目，列入年度投资计划
6	董事会	审批	董事会或授权部门或岗位对上述方案进行审批
7	总经理、网络部	立项审批	申请立项的固定资产投资限额以下的网络技术项目，由网络部报总经理审批，批准立项的项目，列入年度投资计划
8	网络部、财务部	立项审批	由各相关部门审核的网络技术项目投资计划，根据权限经网络部和财务部会签
9	网络化项目管理委员会	立项审批	需要审批的重大网络化项目由网络化项目管理委员会审批
（四）网络项目采购管理			
10	网络部	采购管理	网络部负责组织项目责任部门（单位）审查集成商、咨询商、开发商及供应商的资质，开展询价、商务谈判等工作，依照《合同管理规定》签订合同；项目责任部门（单位）负责完成合同技术附件，并由负责人签字确认。涉及有关计算机服务器、打印机等采购事宜，由物资采购部门归口管理，网络部配合开展采购工作

续表

步骤	主体	活动	详细说明
（五）网络项目需求分析与设计			
11	项目责任部门	需求分析与设计	按照网络系统项目实施要求设立项目组，项目组应根据网络系统项目可行性研究报告和批复提出项目计划与建设方案，明确项目任务划分、进度安排、人员配备、职责分工、经费保障等相关内容，按规定权限审批后实施
（六）网络系统开发与实现			
12	项目责任部门	系统开发	项目责任部门（单位）负责项目实施。在项目实施过程中确实需要进行项目计划调整的，由项目实施单位提出并报网络部，按规定权限审批后实施；在项目实施过程中确实需要进行项目范围或需求调整的，由业务部门提出并报网络部，项目组编制需求变更说明文档，按规定权限审批后，委托项目开发商实施开发
13	网络部	监督检查	网络部负责对项目开发商承担的软硬件系统安装调试、用户培训进行检查，审核确认项目实施文档，并检查相应软件的合法性，提供经双方签字的检查记录
14	项目责任部门	开发实现	项目责任部门（单位）负责至少每季度向网络部提交项目实施报告，内容包括项目进度、质量、经费使用、存在的问题和整改措施等；根据合同约定填写付款申请，按规定权限审批后办理付款
（七）网络数据迁移			
15	项目责任部门	数据的收集、整理和审核	项目责任部门（单位）组织相关业务部门进行数据的收集、整理和审核，保证数据真实、完整、准确、易理解
16	项目实施单位	项目实施	项目实施单位按照项目要求制订数据加载、数据迁移的计划和方案，经网络部会同项目责任部门（单位）、相关业务部门审批后实施，并对过程和结果负责

续表

步骤	主体	活动	详细说明
17	项目责任部门经理	数据迁移项目的签字验收	项目实施单位在数据迁移前应在测试环境中对数据迁移方案进行测试，保证数据迁移方案正确有效；在进行数据迁移时，应严格按照数据迁移方法实施，保证数据完整准确；在数据迁移后，对系统数据进行核查，确保迁移数据的质量。数据迁移完成后，由业务部门负责人对数据迁移结果进行记录、审核并签字确认，档案部门做好存档工作

（八）网络系统测试

步骤	主体	活动	详细说明
18	网络部	组织测试	网络部组织对系统进行集成测试，形成集成测试评价意见；并根据集成测试评价意见由实施单位进行修改完善
19	项目责任部门负责人	签字确认	网络部组织最终用户进行用户接受测试，记录测试过程，并由最终用户签字确认

（九）网络项目阶段验收与系统上线

步骤	主体	活动	详细说明
20	网络部	阶段验收	网络部负责组织对项目建设的阶段验收，进行项目建设质量、进度、标准执行和成本控制等检查，完成阶段验收报告；项目实施单位根据阶段验收报告结论和建议对系统进行修改完善
21	项目责任部门经理	上线申请	项目责任部门（单位）组织项目实施单位及相关业务部门制订系统上线工作计划，并提交上线申请报告，上线申请报告按规定权限审批。项目责任部门（单位）应按审批意见对系统上线工作计划进行修改完善，在确保各项上线准备工作就绪后，方可实施系统上线。在系统上线的同时提出后续运行维护计划
22	项目责任部门经理	系统上线、接收文档	项目责任部门（单位）责成项目实施单位负责数据转移，并提交项目相关技术文档（包括数据表结构存储路径、用户使用手册、系统维护手册、系统安全和使用授权管理办法、用户培训教材等资料）

（十）项目竣工验收

步骤	主体	活动	详细说明
23	项目责任部门经理	提交项目验收申请	项目完成全部的规定功能目标任务后，项目单独连续稳定运行3个月以上，由项目责任部门（单位）以正式行文方式提交项目验收申请，同时提交项目验收相关材料一并审核。项目验收工作由专家组形成验收意见并签字，同时将相关项目文档送交有关部门归档，包括电子文档

续表

步骤	主体	活动	详细说明
24	网络部	验收审核	如果审核通过，则进入下一步骤；如果审核不能通过，则返回上一步骤
25	网络部、财务部	项目竣工结算	网络部会同财务部按规定进行项目竣工结算。财务部按竣工验收决算报告办理项目转资手续，经财务部负责人审核后，按企业内部会计制度及有关规定进行账务处理
（十一）系统应用和维护			
26	网络部	系统移交	项目通过验收后，项目实施单位可将项目逐步移交项目运维单位。网络部提供技术支持，指导或承担系统总部层面的运维工作
27	网络部	日常维护	项目责任部门（单位）负责业务流程、工作标准、数据维护、用户管理、数据安全管理、知识产权合法性使用及相关制度的制定和落实等工作。网络部负责组织日常软硬件系统维护、合法软件使用情况检查和维护
（十二）系统升级			
28	相关部门	系统升级申请	项目责任部门（单位）负责对业务流程与系统模型进行适时评价，并根据评价意见提出系统软、硬件升级申请，责任部门（单位）负责人须签字确认
29	网络部	申请审核	网络部负责组织对系统软、硬件进行适时评价，并对系统升级申请给出评价意见，网络部负责人须签字审核。如果审核通过，则进入下一步骤；如果审核不能通过，则返回上一步骤
30	网络部	组织实施	网络部负责实施
（十三）系统使用效果监管			
31	网络部	效果监管	对已经建立的系统使用效果进行监管，提出整改建议

（三）流程图

1. 网络系统立项流程

网络系统也称为信息系统，其立项流程如图10-7所示。

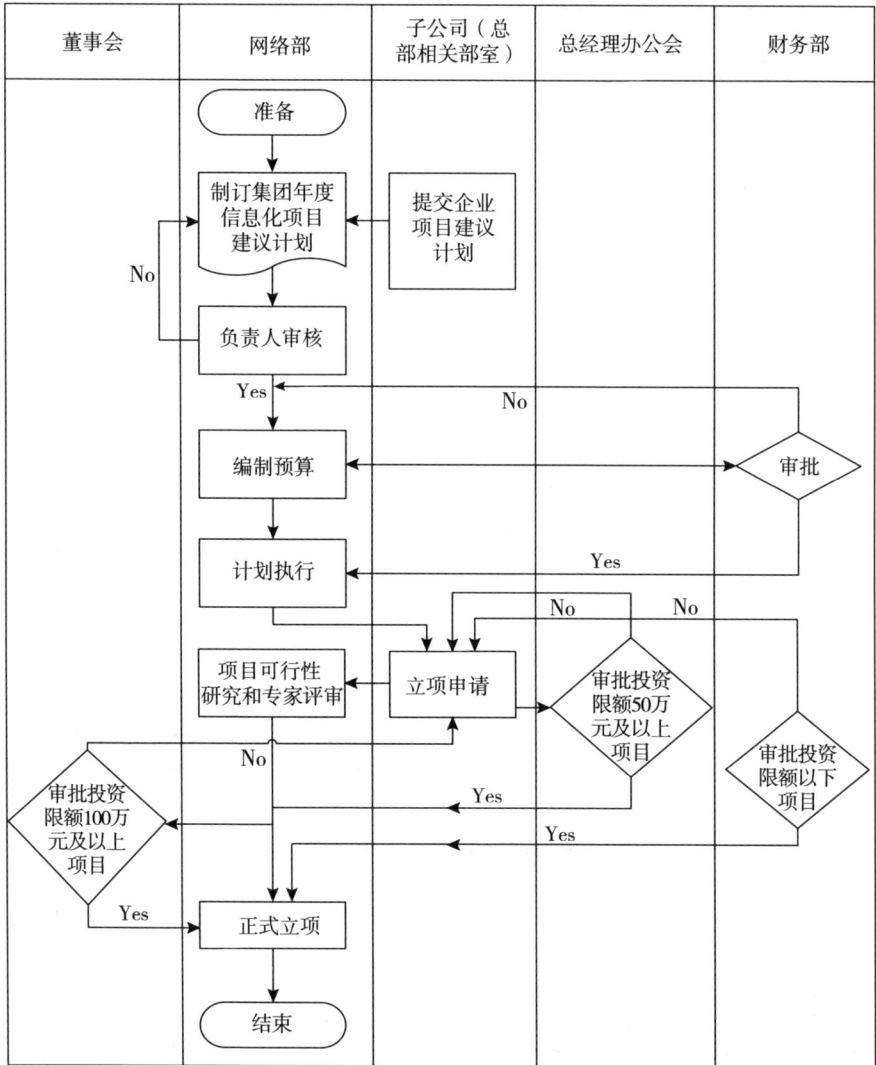

图10-7 信息系统立项流程

2. 信息系统开发流程

信息系统开发流程如图 10 – 8 所示。

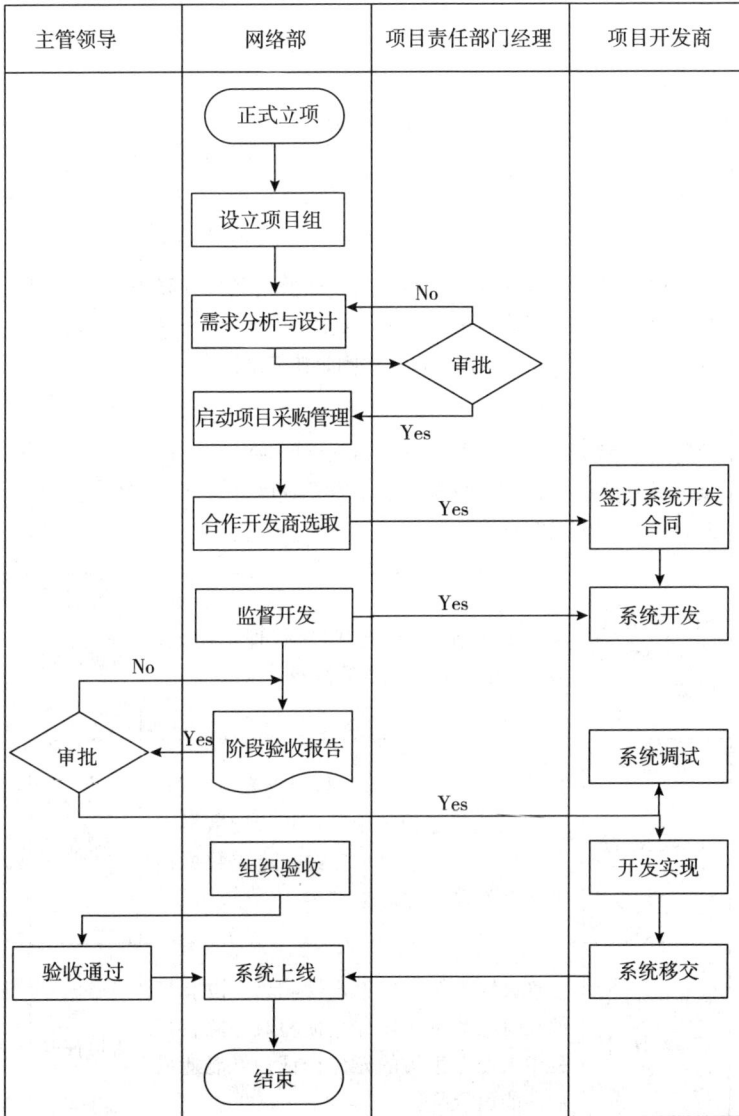

主管领导	网络部	项目责任部门经理	项目开发商

图 10 – 8　信息系统开发流程

七、流程风险

流程风险如表 10 – 4 所示。

表 10 – 4　　　　　　　　　　流程风险

序号	风险点	风险点描述	人机协同控制方式	风险定级
1	信息化发展缺乏统一规划	信息化发展与各下属企业的信息化发展计划缺乏统一规划，造成信息系统开发浪费和重复建设，影响企业的整体发展	人因控制	重要
2	项目立项审批缺乏有效监管	项目立项审批未达到分级管理，造成审批权限不明确，难以形成对信息系统开发的有效监管	人因控制	重要
3	项目采购管理权限不明确	项目采购管理权限、归口管理不明确，造成采购成本高、资源浪费	人机控制	重要
4	数据迁移存在安全性隐患	数据的收集、整理和审核缺乏有效管理，在数据迁移过程中未制订相应的数据加载、数据迁移计划和方案，造成数据损失甚至关键数据泄露	人因控制	重要
5	网络项目竣工验收不规范	信息系统上线未经稳定性测试，没有足够长时间的试运转即仓促验收，验收过程中未经专家组的充分论证，可能造成后期的运行风险	人机控制	一般
6	网络日常运行管理及维护缺乏控制	信息系统日常运行违背系统内控规范和指引，数据安全无保障，存在系统使用失控风险	人机控制	一般

八、控制矩阵

人机流程控制矩阵如表 10 - 5 所示。

表 10 - 5 人机流程控制矩阵

序号	控制点	控制描述	控制方式
1	人机关系计划制订	（1）网络部根据企业信息化发展规划和总部相关部门、企业申报的项目建议计划，结合年度实际情况编制年度信息化项目建议计划及经费预算。经由部门负责人审核确认，报总部分管领导审批后，分别纳入企业年度投资计划、科技开发项目计划管理。（2）网络部参照《信息化建设与应用发展规划》中各项目之间的逻辑关系和优先级次序，制订年度信息技术项目计划，非规划中的项目原则上不予立项，以保证将信息化建设的资金、设备和技术、资源集中投入关键项目中，达到人机协同	人机协同
2	人机关系可行性控制	网络部组织专家组对《项目可行性研究报告》进行评审，专家组对项目需求、项目目标、人机关系、技术路线、风险分析、投资估算与效益分析、项目组织及实施策略等提出可行性研究评审意见	人因控制
3	项目立项审批	（1）通过评审的固定资产投资限额及以上的信息技术项目，由网络部报董事会立项审批，批准立项的项目，列入年度计划。（2）申请立项的固定资产投资限额以下的网络技术项目，由网络部报总经理审批，批准立项的项目列入年度投资计划。（3）由各相关部门审批的投资限额以下的网络技术项目投资计划，须经信息部和财务部会签	人因控制
4	网络项目布局管理	（1）网络部负责组织项目责任部门（单位）审查集成商、咨询商、开发商及供应商的资质，开展询价、商务谈判等工作，依照《合同管理办法》签订合同。（2）项目责任部门（单位）负责完成合同技术附件，并由部门负责人签字确认。涉及有关计算机服务器、PC 机、打印机采购事宜，由物资采购部管理，网络部配合相关采购工作	人机协同

续表

序号	控制点	控制描述	控制方式
5	网络项目竣工验收	（1）网络项目完成全部的规定目标任务后，项目单独连续稳定运行3个月以上，由项目责任部门（单位）以正式行文方式提交项目验收申请，同时提交项目验收相关材料一并审核。项目验收工作由专家组形成验收意见并签字，将相关项目文档送交有关部门归档，同时提供电子文档。 （2）网络部会同财务部按规定进行项目竣工结算。财务部按竣工验收决算报告办理项目转资手续，经财务部负责人审核后，按企业内部会计制度及有关规定进行账务处理	机因控制
6	网络日常维护	（1）依照内控规范和指引的要求制定信息系统日常运行管理制度并遵照执行。 （2）建立培训和考核制度，试行持证上岗制度。 （3）加强操作授权管理，定期（如1个月）更换密码，并严格管理密码。 （4）完善安全措施，建立软件和硬件的物理灾害管理制度，建立防火墙和软件杀毒制度。 （5）建立操作日志制度，建立并执行数据备份和恢复制度	人机协同

第十一章

人机协同与人机关系

无论是马斯洛论述人的需求，还是著名的梅奥理论，均说明了现代组织中人群的协助与社会性，体现了组织目标管理的重要性，由此延伸到企业治理的话题。自从发端于英国的现代公司形态从企业组织中分离出来以来，便将三权独立而又相互制约的关系确定了下来，并为以后的企业治理体系奠定了理论基础。但是这种局面被一种称为计算机的发明所影响，甚至是颠覆性改变。自从第一台计算机诞生至今，其发展可谓突飞猛进。例如当今时代的互联网、大数据、云计算、区块链等，都在时刻影响着社会生活的方方面面。与此同时，在企业组织中，信息技术的强大冲击使传统要素之间的关系也发生了巨大变化，例如边际效用递减规律、信息不对称规律等。

一、人机协同与治理变革

在现代企业治理中，企业经营的内外环境信息不对称、组织个体之间的信息不对称，使三权分立有其存在的必要性，即所有权、经营权和监督权的微妙平衡。然而，"忽然闯入"的信息技术颠覆了信息不对称环境，很大程度上影响了这种前提，这就导致传统治理体系的前提和基础不再"完美"，必须考虑技术因素对生产要素的整体影响。为此，本研究通过前面大量的一手资料的调查获取，依靠信息工程理论、信息资源管理理论、企业治理理论，创新性地提出信息时代是人机协同的时代，人机协同是企业治理的前提和环境，提出了基于人机协同的人机关系的相关理论。

这一新的循环不是对上一循环的简单重复，而是应对新环境和组织目标的更高级的循环，是螺旋式上升的形式。每个循环过程均在企业的治理体系下运行，治理体系包括治理环境、治理目标和治理手段的统一。治理环境是基础，决定每个循环的治理效果。在该环境中，人和系统因素的关系要处理好。为研究方便，前文已将人的因素称为人因，系统的因素称为机因（即信息技术的因素），也就是要处理好人与技术的关系，即人机关系问题。总体而言，人机关系要和谐，不可偏废一方，本书将这种和谐关系称为人机协同治理环境，此环境下的循环称为人机协同治理循环（见图 11－1）。

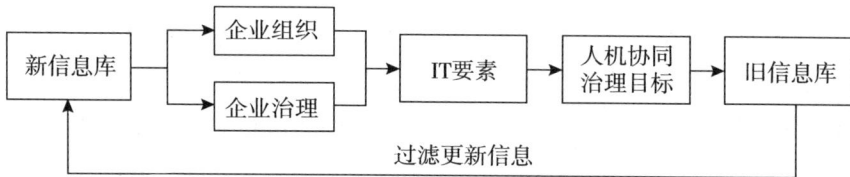

图 11－1　人机协同治理循环

二、人机关系评价法

全球著名的信息化咨询研究机构 Gartner 公司在给其服务和产品的成果定位时，认为主要是其较好地处理了系统中人、信息、规则、软件、硬件和用户等各要素之间的关系，尤其是人机之间的关系。美国著名软件系统学家汤姆·狄马克（Tom DeMarco）和蒂莫西·利斯特（Timothy Lister）在其最新著作《人件》[①] 中明确指出，一个组织对信息化手段的应用，最大问题不在于技术，而在于人。虽然人为因素并不容易解决，但当你把人因与技术或硬件因素同等看待时，可能解决问题的思路就豁然开朗了，例如在企业运行的各类信息化系统中，除了软件、硬件外，还要更加重视"人件"，缺少"人件"的系统是不完整的，是无法实现最佳绩效的。这里的"人件"就是对企业正在开发和运行的各类系统的人为因素的统称，包括：管理才能资源、健康温馨的办公环境、适合战略和岗位的员工、高效协作的团队、良好的企业文化等。"人件"的提出就是一种基于人机关系的具体应用，也是本研究设计调研指标和提出风险治理模式的理论基础。

本研究在考虑当前各类网络依赖型企业的风险表现和后果评价，结合

---

① 　狄马克，利斯特. 人件［M］. 3 版. 北京：机械工业出版社，2014.

高新企业普遍构建了比较完善的信息化工作环境的特点，要探讨为何此类企业同样存在较高的风险问题，本书创新性地将"人件"原理与常规指标融合考虑，将人为因素与软硬件因素整合设计出反映问题实质的风险现状调研指标。这里的关键是人机关系模型的构建，本书给出如下初级模型，如图 11 - 2 所示。

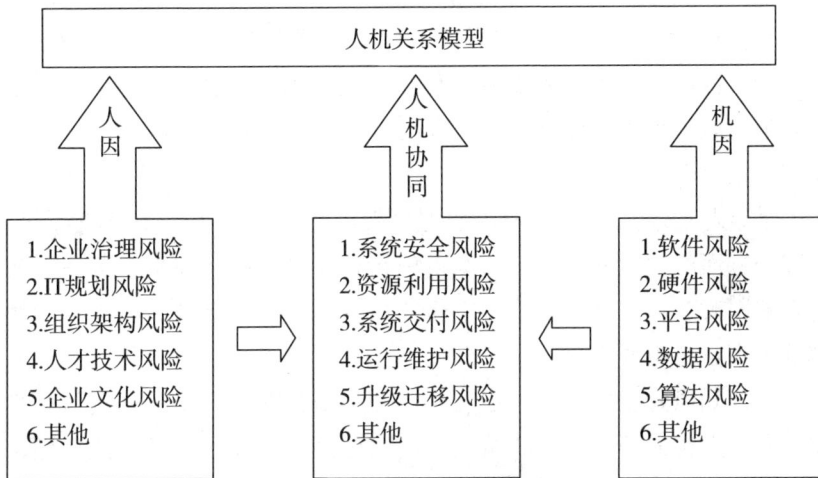

图 11 - 2　人机关系模型

图 11 - 2 揭示了在评价一个组织的信息化风险时，不宜采用传统的对信息系统或软件技术和硬件设备评价的思路，而应从系统思考的角度出发，将信息论、系统论和控制论的思路吸纳进来，创新性地提出基于人际关系的评价模式。事实上，风险依赖型企业信息化的因素在诸多价值驱动因素中占比较高，比其他生产要素或竞争要素的成分多出许多，这也是本研究在前期调研过程中所得出的基本规律，即风险依赖型企业在信息化投资、运行和依赖程度方面高出一般企业 20% ~ 50%，而面对信息化无处不在的经营环境，其风险的识别、评估和治理需要跳出传统思维，从人为因素（简称"人因"）、技术因素（简称"机因"）以及二者融合（简称"人机关系"）的多维视角来切入。

Tom DeMarco 和 Timothy Lister 认为保持竞争优势的企业均在人件和软硬件方面保持完全一体化，从不将它们割裂开来，沿着这个思路，本研究在设计调研指标时分别从三个视角来考虑，并与 COSO 和 COBIT 两个模型结合，制定出适合风险依赖型企业风险现状的调研指标体系。

（一）"人因"的界定与作用

从广义的角度看，"人因"是风险依赖型企业信息化风险管理时的环境基础、制度体系和关于人力资源、激励政策和企业文化的软性要素的统称。在识别风险因素、风险概率和风险后果时，人为因素比技术因素更关键，影响更深远，因为整个信息化环境的主导因素是人，人的主观能动性决定了其他要素的作用，只有当"人因"发挥作用时，软件、硬件、网络、数据、算法、规则等才能发挥作用。根据 COSO 模型、COBIT 模型等传统理论对风险动因的分析，本研究结合"人因"的定位和目的，认为该因素应包括以下内容。

一是企业治理风险，即企业治理框架下是否存在关于 IT 投资、IT 资源治理等方面的制度安排以及制衡措施是否存在风险，在平衡各利益相关方诉求的同时，将本企业信息化方面的内容纳入企业治理范畴，作为企业治理的一个重要组成部分。

二是规划风险，即在企业信息化规划中是否存在风险，这要从风险依赖型企业信息化的顶层设计开始关注实施信息化可能带来的风险问题，如果规划不合理、缺乏规划，或者没有实现信息化规划的资源、能力、组织支持、适应的流程改造等内容，可能就存在一定风险，需要在设计调研的指标时体现。

三是组织架构风险，即组织架构不清晰或者组织结构、组织间的信息传递以及各节点之间的链接、配合等不合理，或者组织架构不适应企业信息化战略，以及岗位规划、人力资源配置不合理，或激励措施、岗位描述等不够科学、清晰，导致组织架构风险的暴露。

四是人才技术风险，即在风险依赖型企业的信息化过程中，如果专业人员没有跟踪和更新技术的应用和控制，技术的成熟度和适用度不够的话，人才技术方面的风险就会暴露出来。例如，人才的年龄结构和阅历结构不合理，人才的稳定性较低，工作强度不足，或者人才的工作氛围、办公环境不够理想，均会给人一种"不舒服"的工作体验，这必然导致企业信息化工作或项目产生隐患或效率低下。对该部分的调查指标的设计需深入企业内部，真正了解人才的所想、所求，用换位思考、以人为本、尊重人才、崇尚创新等态度获取其信任，得到调查的真相。

五是企业文化风险，既包括企业员工个体的文化素养、道德水平、价值取向、对组织的认可度以及综合体现出的与企业价值的吻合度和一致性等方面表现的风险；又包括文化规划、定位或培养和发扬不合理导致的信息化项目失败、给企业带来损失的可能性。企业文化表现对一个企业的风险意识、风险环境等的影响是巨大的，因此在设计问卷指标时要考虑企业文化的隐性作用。培育风险文化是风险依赖型企业的切实需求，相对于一般企业，风险依赖型企业更应该重视无形资产的培育和保护、知识产权的创新和利用、核心竞争力的培育和保护、创新风险和风险治理意识。

当然，"人因"的范围很广，可包括除技术因素之外的所有与人有关的软因素，因此在此无法一一列举，需要风险依赖型企业根据具体目标、风险类型和企业特征等辩证地设计，在此将它们归为其他要素之中。

（二）"机因"的界定与作用

所谓"机因"是本研究中的一种简称，专门用来描述计算机与网络有关的技术因素的作用，也就是说这里的"机因"是本研究独创的用语，可能不太规范，但含义比较明确，是指影响企业信息化风险的与计算机系统有关的，在信息技术方面发挥作用的动因要素之和。根据人机协同学派的认识基础，将网络系统在内的信息系统看作一个有血有肉的、与周围环境和谐相处的人机系统，当然其内部的所有管理和功能输出均要体现"人机协同"的思想，基于此，影响其网络系统风险的变量集应包括如下方面的风险子项。

一是软件风险，即风险依赖型企业在实施信息化管理的过程中，由于所使用或构建的软件系统存在隐患和风险，而给企业带来直接和间接损失的可能性，例如，软件系统的安全风险、技术不成熟风险、界面不友好及操作不稳定风险，还有软件功能与规划不符的风险，应用算法和模型不合理的风险，开发文档不规范、维护不当的风险等。

二是硬件风险，风险依赖型企业在布局硬件设备时与系统目标脱离的风险，或在经济指标、价格指标、性价比等方面不符合系统要求均会产生隐患，影响整个信息化项目的成功，导致企业损失。该类风险一般包括硬件技术水平、硬件的升级或售后服务水平，使用成本和维护成本，是否与其他硬件兼容，备件或扩展障碍，操作的便捷性以及防火、防潮、防水、防雷、防磁等方面的性能是否满足要求等。

三是平台风险，即系统平台的硬件无关性、数据接入的便捷性、产品的扩展性，平台的兼容性、安全性和智能性等方面的风险。

四是数据风险，即数据作为资源在信息化管理过程中存在的隐患或风险，具体包括数据的规模、结构、形式、内容、价值量等与原规划不符或达不到相关要求的风险，即信息资源无法满足信息化管理需要，无法提供科学决策所需要的足够合理的信息，或者不能反映管理对象的属性、规律，与管理目标的相关性以及自身的客观性、及时性、充分性等不足，从而导致信息系统没有给企业带来预期的效益。除此之外，还包括数据的安全性、可利用性、可审计性、与业务的协同性，以及表达管理需求、业务本源的"语法信息""语义信息"，甚至"语用信息"的事项规划，如果上述各维度的数据不明确，则会表现出不同概率或不同后果的风险。

五是算法风险，即在数据资源经过处理输出为行动方案或披露为业务状态时，所采用的算法不科学、不合规、不高效、不稳定、不易维护等方面表现出的风险。例如，一个处理的算法如果隐藏某种违规、不稳定或有漏洞的缺陷，则可能其输出结果会不稳定，而且结论的可靠性存在问题，甚至损害个人隐私、干扰用户正常生活等，例如目前互联网常采用的"智能算法推送"会根据每个人的上网习惯而有针对性地推送广告等，但这样其实会剥夺用户的选择权利，将用户限制在也许是"最初的无意之举"的固化路径中，这种所谓的"智能算法"给用户带来不便或损失，是典型的"算法风险"，因此在调研时需要将其有针对性地体现在问卷指标中。

（三）人机关系的界定与作用

人机关系属于"人件"理论和"辅人率"理论融合应用的产物，是各类技术在应用模型、平台和渠道中逐渐与人结合的产物，近几年出现的人工智能 AI 便是一个"人机关系"局部发展的杰出代表，但我们希望这种相互融合的发展是全面和健康的，是在人类道德和法制精神下的融合，最终达到部分替代人的器官和思维的境界。"人机关系"发展模型可用如下公式来示意①。

---

① 对新事物的好奇和对技术的不懈追求是人类的天性，在这一过程中往往忽略人类长期积累起来的无形约束，如道德和规则，导致人机关系错位的案例比比皆是，如最近的"基因编辑婴儿"的出生，就是过度追求技术的结果，这是具有灾难性风险的，必须在顶层设计或编制时就充分考虑。由于该问题的复杂性和创新性，这里仅给出一个示意公式，其导向是要将 Hu（Human，人类）与 PC（People computer，个人电脑）生物学融合，含伦理学，而不仅仅是物理融合。

$$F_n\ (\mathrm{HuPC})\ =\ \{\mathrm{Hu}_1,\ \mathrm{Hu}_2,\ \cdots,\ \mathrm{Hu}_n,\ \mathrm{PC}_1,\ \mathrm{PC}_2,\ \cdots,\ \mathrm{PC}_n\}\ +\beta_n\cdots$$

上式的 HuPC、Hu_n、PC_n 分别表示人机关系、"人因"和"机因"三个变量，人机关系是"人因"与"机因"两因素融合后的结果，是"人因"和"机因"的函数。这在企业引入信息化工具后的表现非常明显，表现为组织再造、流程优化、资源整合、制度完善等一系列行动和后果，β_n及其衍生项为随机常数项，成分复杂。一个企业只有将传统的人的做法 Hu 与引入的信息技术 PC 整合，才能将信息技术用好，才能真正克服"将手工工作搬到计算机上"的"两张皮"现象。美国流程管理专家哈默博士和钱皮博士在 20 世纪 90 年代研究美国企业因信息化而失败的案例时便敏锐地洞察到，人机关系处理不当导致信息技术会给企业带来倒闭的"信息化悖论"。因此克服人机关系风险是以风险依赖型企业为代表的信息化程度较高的企业不可忽视的新型风险，具体包括以下几种。

一是系统安全风险，这里提到的系统安全风险是在组织文化、安全文化、内控文化和安全技术依赖度等方面的共同作用下，企业组织在安全方面的疏忽或隐患，例如按照"辅人率"的原理，信息技术辅助人类管理各类信息资源，但在某些企业中，如果过度依赖技术的自动化属性，而疏忽其机械性、无伦理性、缺乏爱与道德等方面的缺陷，将安全事务交给信息技术，导致各类信息泄露、黑客攻击、病毒感染、非授权传播、网络诈骗、网络黑帮、网络伦理失范等事件的发生，均会给企业造成风险与损失。

二是资源利用风险，它是"辅人率"在信息化工程中应用的另一个典型隐患，按照信息资源的价值量原理，信息资源浪费是价值链原点的浪费，对整个链条的影响巨大，尤其是花巨资构建起来的信息化系统，不仅导致管理层的各类活动与业务需求或市场实际相脱节，因为缺乏信息的桥梁作用，还会导致决策失误给企业带来持续损失。该风险具体包括系统数据收集和处理风险，管理措施缺失风险，数据采集风险，数据规模不足或垃圾信息干扰风险，数据的兼容性及安全性风险，数据备份及恢复风险等。在对风险依赖型企业的各类风险进行调研指标设计时，应体现信息资源管理过程中可能存在的风险。

三是系统交付风险，表现为信息化过程结束时需要交付的成果可能存在的风险，包括交付物与实现的规划目标不一致的风险，交付物在形式、水平、规模、含义或经济承载力等方面与预期不一致的风险，或者交付物的可用性、可维护性、将人因与机因无缝连接的风险等。这些方面应重点考虑，例如交付物虽然符合规划目标，但在运行过程中对人的管理因素不当导致系统风险爆发，或影响人的存在感、成就感、控制欲、可视性、接触感、体验感、参与感等正向效果的发挥，也是需要了解的，因为目前存在这种倾向，即智能化或信息化就是取代人，这是一种误解，必须从信息化的早期开始重视，因为一旦形成气候，再修正则代价巨大，而且未必见效，因此应该从规划期就要梳理信息化工作，妥善处理人机关系以降低后期风险。

四是运行维护风险，就是信息化工程的交付成果在运行过程中暴露的风险敞口。信息技术业内常说的"三分技术，七分维护"就是对系统运行维护地位之高的最好概括。维护风险包括维护规划不合理的风险，维护措施落实及无效果的风险，或维护技术和措施不及时给管理信息化工作带来损失的风险，以及系统维护成本过高、人员缺乏、升级不及时、缺乏质量保障和监督机制的风险。针对风险依赖型企业的信息化特点，制定适合自身运行特点的运行维护目标、措施和保障机制是必要的，否则可能导致运行维护风险，因此应从上述几个风险的表现侧面确定调查的指标和问题。

五是升级迁移风险，即在系统升级以及数据迁移时，忽略"人因"与"机因"的融合考虑，忽略基于组织管理需求的深入考量，缺乏组织风格继承、管理文化升华、组织价值传承和流程相对稳定等的限制，使系统因为升级或数据迁移而出现断档、切换失败、系统无法兼容、数据接口不一，或者迁移后的数据丢失、无法整合集成等风险。企业需要在系统升级和数据迁移之前做好规划和技术保障，同时给出可行的数据丢失、备份、补救或升级失败、终止、撤销等预案。

综上所述，从问卷设计、评分指标上给出关于"人因""机因"和人机关系的考虑，可更全面地反映风险依赖型企业信息化管理风险的真正动因，识别出风险的源头和后果，才能摸清风险现状和发展趋势，了解治理风险的内部资源、外部约束，也可以从横向比较上（主要通过"人因"的反馈，给出同类同行的比较值和风险看法）得到类似大数据分析的结果，便于风险管理部门给出科学的风险控制策略。这也是本研究的创新之处。

具体到网络依赖型企业的风险治理模型，前面已经介绍过，即借助相关政策、规定，从"风险控制环境""风险识别""风险控制措施""控制系统沟通"和"控制效果监督"五个方面进行构建，这也是上述案例的基本思路，在此不再赘述。

京津冀地区
网络依赖型企业风险现状及治理
效果调查问卷

（联合某大型中介机构开展现场调查）

致谢：真诚感谢贵企业接受本次调查，调查结果仅用于匿名科研，不向任何机构和个人泄露。

释义：

（1）访谈对象：第一、三部分为企业高管，第二部分是企业网络部门主管。

（2）题目中，网络依赖型企业是指企业经营活动或产值有 50% 以上的份额需要借助互联网来实现的一类企业，是一个没有严格划分标准的概念。

（3）调查范围：对京津冀地区的网络依赖型企业进行调研（100 家企业左右），访谈对象为充分了解企业经营和风险治理情况的企业高管或岗位负责人，确保数据真实和完整。

（4）调查问卷反馈回来后，一般用 1、2、3、4、5 来表示 A、B、C、D、E 等选项；0 表示多选中没有被选择的项。

一、企业总体情况问卷

0. **您所在企业是哪种类型的企业？**

A. 网络依赖型企业，离开网络无法开展工作

B. 半网络依赖型企业，工作时会用到网络，但没有网络也可以工作

C. 非网络依赖型企业，工作时不会用到互联网，没有互联网依然可以工作

选 A 请继续，选其他请结束答题。

1. 您所在的企业是否是上市公司？

   A. 上市公司

   B. 两年内拟上市公司

   C. 其他非上市公司

2. **您所在企业的类型：**

   A. 中央管理企业

   B. 其他国有企业

   C. 混合所有制企业

   D. 民营企业

   E. 外资企业

   F. 中外合资企业

   G. 其他类型企业

3. **您所在企业的收入规模：**

   A. 1000 亿元以上

   B. 500 亿 ~ 1000 亿元

   C. 100 亿 ~ < 500 亿元

   D. 50 亿 ~ < 100 亿元

   E. 10 亿 ~ < 50 亿元

   F. 1 亿 ~ < 10 亿元

   G. 3000 万 ~ < 1 亿元

   H. 500 万 ~ < 3000 万元

   I. 500 万元以下

4. **您所在企业的员工总人数（含劳务派遣和各种临时用工人数，以往年同期为标准）：**

   A. 50000 人以上

   B. 30001 ~ 50000 人

   C. 10001 ~ 30000 人

   D. 5001 万 ~ 10000 人

   E. 1001 ~ 5000 人

F. 501 ~ 1000 人

G. 100 ~ 500 人

H. 100 人以下

5. 您所在企业是（可多选）：

A. 加工制造业

B. 金融类行业

C. 现代农业

D. 电商行业

E. 财经、法律咨询类服务业

F. 教育类服务业

G. 医疗类服务业

H. 科技类服务业

I. 软硬件开发类行业

J. 信息科技类行业

K. 其他高科技类行业

L. 其他类行业

6. 您所在企业属于以下哪种资源集中型企业？（可多选）

A. 劳动密集型

B. 资金密集型

C. 技术密集型

D. 知识密集型

E. 都不是

F. 不清楚

7. 您所在企业对互联网的依赖程度为：

A. 90% 以上

B. 80% ~ 90%

C. 70% ~ <80%

D. 60% ~ <70%

E. 50% ~ <60%

F. 50% 以下

8. 您所在企业网络维护人员的平均年薪为：（如果方便回答）

A. 1 万元以下

B. 1 万 ~ <3 万元

C. 3 万 ~ <5 万元

D. 5 万 ~ <10 万元

E. 10 万 ~ <15 万元

F. 15 万 ~25 万元

G. 25 万元以上

9. 您所在企业的收入或效益受新冠疫情的影响，较往年降低了：

A. 80% 以上

B. 50% ~80%

C. 20% ~ <50%

D. 20% 以下

E. 没有影响

F. 比往年好

二、网络风险管理情况问卷

10. 您所在企业上年度网络维护费用占总收入的百分比为：

A. 2% 以下

B. 2% ~5%

C. >5% ~10%

D. 10% 以上

E. 不清楚

11. 您所在企业网络风险导致企业的年度损失占企业总成本的百分比为：

A. 80% 以上

B. 50% ~80%

C. 20% ~ <50%

D. 5% ~ <20%

E. 5% 以下

F. 不清楚

12. 您所在企业是否建立了全面风险制度管理？

A. 已经建立

B. 正在建立

C. 没有建立

13. 您所在企业的网络风险管理人员有几人？

A. 0 人

B. 1 ~ 2 人

C. 3 ~ 5 人

D. 5 人以上

14. 您所在企业是否安排专门针对网络风险的培训活动？

A. 是，经常培训

B. 是，偶尔培训

C. 否，没有培训

D. 不清楚

15. 您所在企业多久对上网账号和密码进行更换？

A. 每月一次

B. 每两个月一次

C. 每季度一次

D. 每半年一次

E. 每年一次

F. 不定期

G. 从没有

16. 您所在企业在风险识别和评估方面使用什么方法（可多选）？

A. 列出风险清单

B. 利用风险矩阵

C. 职能部门定期提交风险管理报告

D. 职能部门不定期提交风险管理报告

E. 设立专门的风控机构

F. 缺乏相应方法

17. 您所在企业依托互联网经营管理时，主要的风险是什么（可多选）？

A. 网络硬件风险

B. 本地软件或系统风险

C. 专业人才匮乏风险

D. 信息泄露或篡改风险

E. 网络系统不稳定风险

F. 信息失窃风险

G. 黑客或病毒入侵系统的风险

H. 缺乏相关网络管理制度或管理岗位的风险

I. 其他风险（请填写）：_____

18. 您所在企业是否因过度依赖网络而遭受了外部网络输入的风险？

A. 是

B. 否

追问：如果回答是，请问外部网络输入了哪类风险（可多选）？

C. 输入了病毒等非法信息

D. 输入了客户的不实信息

E. 输入了本企业不需要的信息（如广告、链接、推送等）

F. 非法采集了本企业的商业秘密

G. 输入了不实的产品或服务信息（如夸大宣传）

H. 输入了不实的信用、财力、规模、市场影响的信息

I. 输入了未经核实的其他信息

J. 其他风险（请填写）：_____

19. 您所在企业针对网络输入风险所采取的措施是（可多选）：

A. 建章立制

B. 加强人员培训

C. 运行防火墙等防护系统

D. 健全网络内控体系

E. 成立网络安全委员会

F. 成立风控委员会

G. 设置专门的风控岗位

H. 董事会中设置网络风险专家委员会

I. 其他风险（请填写）：_____

20. 您所在企业整体管理工作的信息化程度为：

A. 10% 以下

B. 10% ~ <30%

C. 30% ~ <50%

D. 50% ~ <70%

E. 70% ~90%

F. 90% 以上

21. 您认为在网络输入风险防范方面，人为因素与技术因素哪个更关键？

A. 人为因素起决定作用

B. 技术因素起决定作用

C. 人为因素与技术因素起同等作用

D. 具体情况具体分析

E. 说不清

22. 您所在企业的网络输入风险的发展趋势是（可多选）：

A. 越来越严重

B. 越来越轻微

C. 在可控范围内

D. 有失控的可能

E. 依靠信息技术可以控制风险

F. 依靠人和技术同时作用才可控制风险

G. 主要靠人来控制风险

H. 说不清

23. 您所在企业对企业总体风险的识别和审查时间是（本题问的是总体风险）：

A. 每月一次

B. 每两个月一次

C. 每季度一次

D. 每半年一次

E. 每年一次

F. 不定期

G. 没做过

24. 您所在企业是否存在专门针对网络风险的识别和评价，频率是（本题问的是网络风险）：

A. 每月一次

B. 每两个月一次

C. 每季度一次

D. 每半年一次

E. 每年一次

F. 不定期

G. 没做过

25. 您所在企业目前是否存在风险管理效果的评价体系？

A. 不存在

B. 存在但不清楚具体内容

C. 存在但运行不理想

D. 存在并运行良好

E. 说不清

三、企业 IT 治理/企业治理相关情况问卷

26. 您所在企业的董事会是否健全？是否设置专门的风险管理委员会

或类似机构？

    A. 健全，已设置

    B. 健全，没设置

    C. 不健全

    D. 说不清

27. 您所在企业的信息化（或网络化）目标与企业总体战略是否一致？

    A. 相一致

    B. 不一致

    C. 说不清

28. 您所在企业的董事会或管理层是否讨论过企业风险议题？

    A. 没有

    B. 有，但很少

    C. 经常讨论

    D. 说不清

29. 如果要概括您企业关于组织与网络系统的关系（简称人机关系），您认为是：

    A. 人机关系和谐

    B. 人机关系紧张

    C. 人机相互独立

    D. 说不清

    E. 不明白所问

30. 您认为是否有必要建立网络伦理或数字化道德之类的制度？

    A. 有必要

    B. 无必要

    C. 说不清

31. 您所在企业是否存在网络伦理或数字化道德之类的制度？您认为

是否有必要？

    A. 有制度，有必要

    B. 无制度，有必要

    C. 有制度，无必要

    D. 无制度，无必要

    E. 说不清

32. 您所在企业是否建立了专门针对网络风险的内控体系？运行效果如何？

    A. 有体系，运行效果好

    B. 有体系，运行效果一般

    C. 有体系，运行效果差

    D. 无体系

    E. 说不清

再次感谢您的协助！为便于联系和反馈问卷结果，请您自愿留下联系人和联系方式：＿＿＿＿＿＿＿＿＿（选填）。